他力の救済【決定版】

曽我量深
Soga Ryojin

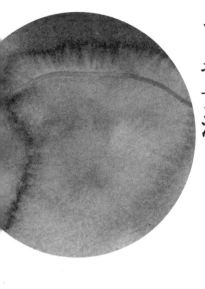

方丈堂出版
Octave

はじめに

曽我量深先生が亡くなられる前年と前々年に、その師清沢満之先生のご生地名古屋地区での、初めての臘扇忌法会—「清沢満之先生に学ぶ会」が催され、初回は昭和四十四年六月六、七、八日の三日五席、次回は翌四十五年六月五、六日の二日四席の曽我先生の連続講座が、名古屋別院で開かれました。最晩年の恩師讃仰のご講演です。その後、初年度の講演録は「他力の救済」として昭和四十八年臘扇忌法会の際に、「学ぶ会」で自費出版、同五十年京都・文明堂出版から公刊されました。次年度の講演録「清沢満之先生に学ぶ——二種の深信——」は曽我先生を仰ぐ聞法誌『願海』誌上に、昭和五十年五月号から七月号に掲載され、さらには同朋舎出版刊『資料清沢満之〈講演篇〉』に収録されました。また、本書に収められている松原祐善先生の一文は、初回の講録出版に際し、ご寄稿を乞うた「解題」の補正版です。今回の一書は、それら既刊講録の不備を補い全面校訂（校訂者は直道学舎・佐々木秀英さん）の上、まとめて再発行される決定版です。なお再発行に際して加えられた水島見一先生の付論は、近・現代の真宗の伝統を、易しく的確に語られた曽我量深手引きとして常随座右すべき一文です。

*

曽我先生のお話はとりわけ晩年、常に我ら市民大衆に向けての姿勢が、聞く者に強くひびくものがありました。そのことは、この講録に一目眼を通していただくだけで、ありありと伝わってきます。晩年の宗祖親鸞が「いなかのひとびとの、文字のこころもしらず、あさましき、愚痴きわまりなきゆえに、やすくこころえさせせんとて」（「一念多念文意」『真宗聖典』東本願寺出版部、五四六頁）といった配慮、使命感がひしひしと感じられます。同朋会運動という、東本願寺宗門の現代での〝真宗再興〟精神は、そういうところに深い源があったのだ、と思い当たらされずにはいられません。

そこで曽我先生は、いわばご生涯をかけて私たち後代の市民大衆に、何を言われたのか、何を言い伝えたかったのか、というなら、この二講座の題目にもなっているように、「他力の救済とは二種深信」ということ、とりわけ機の深信一つ、ということを仰ったと私は聴聞しております。この本の講演にもそれ一つが貫かれて語られています。たとえば、初回「他力の救済」講中の、「身を粉にしても、骨を砕きても」という言葉は単なる形容詞ではなく、我が身の内の自力我執を粉砕する機の深信と語られる「恩徳讃釈」や、「機の自覚は信の基礎工事」といったお話をうかがって、私たち聴衆は大きくうなずかされ、胸躍らされたことが忘れられません。「機の深信は暗くない、明るい」とも仰っていました。「罪悪生死の凡夫を、やめる、すてる、なくすのではない。凡夫の我に甘んじ、安んじ、したがっていくのです」と。甘受し、安住し、随順すればひとりでに明るい道理です。

＊

そしてそのことは、ひとり曽我先生の独自の説ではなく、かつて恩師清沢満之先生から伝承されたものであり、さらには親鸞・蓮如以来の真宗の要の一点であったことを承服させられます。清沢先生が、「余輩の抛て以て自己の安心を求め、抛て以て同胞の安心を求め、抛て以て世界人類の安心を求めんと期する所の源泉」（「教界時言発行の趣旨」『清沢満之全集』第七巻、岩波書店、四頁）と言われる真宗の肝要は、実にこの一点において、時空を超えて天下万人共通普遍の東西両洋文化が共に世界的統一的に目指すところであり、帰結する〝万国の極宗〟でもあったと思い合わせられます。

まことに機の深信、機の自覚に立ち帰ること一つこそ、絶対無限の天なる道の理だったと、拝伏するばかりです。その要の一点をズバリ歯に衣着せず、明言してくださるのが曽我先生でした。また、この一点こそが同朋会運動の根幹精神でもあった、と私は了承します。私一人の救済即全人類の救済が、機の深信これ一点にかかっていると曽我先生は示されます。今日、全世界が見失っている一点です。ここにすべての人々が救われずにはいない大道が見晴るかされます。

混迷と不安に満ちた二十一世紀現代にとって、曽我先生のこの一冊は、時代と世界を貫く深い意義をもちます。

二〇一四年十一月

往時の名古屋・「清沢満之先生に学ぶ会」事務局担当　亀井　鑛

目次

〈凡　例〉

・引用文献における旧漢字は、新漢字に改めた。

・原漢文のものは、訓点にしたがって書き下して引用した。その際、読み易さを考慮し、送り仮名を編者が適宜補記した。

・本文中の『論語』および『中庸』の文章は、『新釈漢文体系』の書き下し文を参考に引用した。

・曽我量深の講話「他力の救済」における清沢満之の文献は、曽我量深が、法藏館発行の『清沢満之全集』を手許に置いて講演を行っていたことから、同書に依って引用した。ただし、清沢満之著の「他力の救済」の引用に限って、本文中の意図を汲み、清沢満之の自筆原稿を底本とする岩波書店発行の『清沢満之全集』に依って引用した。

I　他力の救済

第一講

今日は清沢満之先生の祥月の御命日でございまして、いろいろなところで臘扇忌《ろうせんき》がつとまっております。私たちの学校である大谷大学でも、今日の午前に臘扇忌がつとまったはずでありまして、金子大榮先生のお話を聞くということに決まっておったのでございます。

しかし、今まで清沢先生のご出身地である名古屋では、臘扇忌は開かれておらなかったのです。それで名古屋の有志の方々から、何とかして臘扇忌を始めたいとの切なるご希望がございまして、不肖お招きをいただきまして、ご覧の通りの老軀《ろうく》をひっさげて、ご当地へ参りまして、壇に上らせていただいたようなわけでございます。

臘扇忌とは、清沢先生の祥月のご法事のことであり、臘扇というのは、清沢先生の晩年の号であります。臘扇という文字は、「臘」は、冬至とか、寒中という一年中で一番寒い冬を表すところの文字だそうでございます。そうしますと、臘扇という号は冬の扇ということでございましょう。この「扇」というものは、これは夏の暑さをしのぐために作られてあるものでございます。そうすればつまり、扇とか扇子とか申しますものは、冬になれば全く無用のものでありましょう。そうすると、清沢先生は晩年に、ご自身を無用の者であるという意味の号で名告られていたということであります。

また、晩年にと申しましても清沢先生は、数え年四十一歳でお亡くなりになったので、数え年四十一歳であれば、満で数えると、詳しいことを調べたわけではございませんけども、満四十歳にもおなりにならないうちにご逝去されたと思うのであります。それと申しますのも、鈴木大拙先生はお亡くなりになったときに、一般では九十五歳である、と申しておるようですが、鈴木先生のお年というものは、数え年で計算すると九十七歳である。

九十七歳で亡くなられた鈴木先生を、亡くなられたお年は九十五歳と、皆さまが言うておられるのに比較してみますと、清沢先生の数え年である四十一歳から、もう二年差し引くと、三十九歳ですから、清沢先生は三十九歳でお亡くなりになった、と考えられるのです。何にせよ明治三十六年六月六日にお亡くなりになられました。それからもう七十年が過ぎました。

私は清沢先生の門弟などという者ではございません。けれども当時の私たちの宗門の学問をするような学生は皆、清沢先生を師匠として仰いでおったのでございます。そういうようなわけで、自分ごとき者もやはり清沢先生の門下の一人である、と、このように、自分はひとり決めておったようなわけでございます。もちろん、清沢先生のお書きになった文章を、ねんごろに拝読し、また清沢先生のお話も少しは拝聴いたしました。けれども先生の講義は聞いたことがないのであります。また自分は、清沢先生が亡くなられてずっと後に、浩々洞の同人の一人になったので、先生のご在世のときには浩々洞の中にはおらないわけであります。ですから自分みずからは先生を敬い、先生の教えを受けておるのでありますけれど、しかし第三者の人から見れば、曽我量深ごときは、この清沢先生の門下ではないということになるでしょうし、実際それに違いはないわけです。

今日はここに『清沢満之全集』の第六巻だけを持って来ているのでございます。皆さんはこの清沢先生の書かれた短い文章である「他力の救済」は、お持ちであろうと思います。「他力の救済」は、きわめて簡単な文章であり、またお言葉が、非常に感激に満ちていると思われますので、今席はこの文章についてお話をしたいと思うのでございます。

大体、この文章は、岐阜県の大橋徹映師のお寺にあったものだ、と承っておるのでありますす。この方は実はもう亡くなられているのですが、無我愛を唱えられたところの伊藤証信師や、山田文昭さんと同じクラスであり、たいへん成績の優秀な方でした。私の昔の記憶を呼び起こしてみますと、清沢先生がお亡くなりになった明治三十六年の四月一日に、東京の真宗大学の丙申会という名の学生の会があったことを思い出すわけであります。丙申会の丙は甲乙丙の丙で、申は十二支の中のさるですから、これは、真宗大学が東京へ移ってから、学生全体の会を作ったときの年を示しておるものだ、と思うのですが、どうも詳しいことはよくわかりません。とにかくこの真宗大学の学生全体の会というのがあって、それが丙申会という会でありました。

真宗大学は東京へ移ってから、毎年四月一日に宗祖御誕生会を開いたのですが、その中心が丙申会であり、大橋さんが丙申会の幹事をつとめておられたのであったかと思うのであります。そのようなわけで、「他力の救済」は、大橋さんが丙申会幹事として、清沢先生にお願いされたものと考えられるのです。そういうような関係があって、この文章が大橋さんのお寺に伝わってきた、と思われます。

この文章は『清沢満之全集』に収められてあるのだけれども、しまいのところにあります、「日本他力教の宗祖親鸞聖人の御誕生会を聞き、一言以て祝辞に代ふ」(『清沢満之全集』第六巻、岩波書店、三二九頁)という言葉は、全集(法藏館)の中に収められた文章には削られてあります。どうしてそれが削られたのかは知りませんが、削られてあったためそれらの言葉は初めからないのであると自分は思っていたのです。ところがこの間、先生のご真筆の文章を見て、そのようなお言葉が加わっておったことを初めて知ったのです。それで何かこう、非常に懐かしい心持ちを誘われたわけです。

さて、この「他力の救済」の文章の初めに三箇条の言葉が述べてあります。三箇条の言葉と申しましても、一、二、三と別に記号をつけてあるわけではございませんが、便宜上三箇条として見てみたいと思います。

我《ワレ》他力の救済を念するときは、我《ワレ》が世に処するの道開け、
我他力の救済を忘るゝときは、我が世に処するの道閉つ、
(同前)

これが第一箇条でありましょう。

我他力の救済を念するときは、我《ワレ》物欲の為に迷さるゝこと少く、

我他力の救済を忘るゝときは、我物欲の為に迷さるゝこと多し、（同前）

これが第二箇条でありましょう。

我他力の救済を念するときは、我《ワレ》が処する所に光明照し、

我他力の救済を忘るゝときは、我が処する所に黒闇覆ふ、（同前）

これが第三箇条であります。こういうふうに、この三箇条の徳といいますか、特質ということが記されてあると思うのであります。

先生はなかなか厳しいお方でございます。「他力の救済」は、よほど思想を練って、この三箇条を樹立なされたのであろうと思われます。一体これは何を表しておるのか。どうも自分は頭が悪いものですから、はっきりしない。しませんけれども、これは諸仏如来の徳というものを考えるについて、三種類の徳を挙げてあるということです。これは曇鸞大師の『浄土論註』を見ると、『浄土論註』というのは、皆さんご承知でありましょうが、七高僧の第二番目の天親菩薩のお作りになられた『浄土論』の註釈書です。そしてその註釈の元になっている『浄土論』には、その冒頭に「願生偈」という、願生の偈、願生のみ

歌、と申すべきものが掲げられてあります。その「願生偈」の初めに、

世尊我一心　帰命尽十方
無碍光如来　願生安楽国

（『真宗聖典』東本願寺出版部、一三五頁）

という言葉があります。天親菩薩は、仏滅の九百年後にお生まれになったお方ですが、このお方が願生偈の初めに、ご自身の自覚の信念を述べられています。「世尊よ。我は心を一つにして、十方を尽くして碍りなき如来に帰命して、安楽の国に生ぜんと願いたてまつる」と、ご自身の尊きご信心を表明なされた。これは、龍樹菩薩にもないわけではありませんけれども、このように綿密に、簡単明瞭に、他力の安心を表明なされたということは、天親菩薩が最初である、こう言うべきものであります。

したがってこの、阿弥陀如来の本願の教えの歴史におきましては、龍樹菩薩はやはり「八宗の祖師」と言われるお方ですから、どうでもこうでも龍樹菩薩を、第一の祖師としなければならんと、こう決まっておる。ところが実際に、親鸞聖人におきまして、本当に心から崇めておられるお方は、やはり天親菩薩である、と私は思うのであります。

それで皆さん、ご承知でありましょうが、親鸞聖人は『教行信証』をお書きになられました。これは仏教では普通、「教行証」といわれるものでありましょう。しかし、それを

さらに、「行」から「信」を開いた。そして念仏の行が如来の回向の大行である、ということを明らかにせんがために、『教行信証』というものの第三巻目の「信巻」を別開なされた。こういうわけであります。もしこの「信巻」を開かぬならば、念仏が如来の回向であるということはわかりません。法然上人は、『選択集』の中において、雑行と正行とについて、五番相対ということを明らかにしておられます。つまり雑行と正行との、得と失を明らかにして、雑行の失、正行の得というものを五通りに挙げた。それを雑行正行五番相対と言うのであります。善導大師では、浄土往生の正しい行を正行と言い、読誦正行《どくじゅしょうぎょう》、観察正行《かんざつしょうぎょう》、礼拝正行《らいはいしょうぎょう》、称名正行《しょうみょうしょうぎょう》、讃歎供養正行《さんだんくようしょうぎょう》という五種正行が挙げられます。正しい行というものを、『観経』の中から、五通り拾いあげた。ところが、雑行というものは、五つの正行以外は、あらゆる諸善万行ことごとく雑行であると、善導大師は、『観経疏散善義』の中において示されてあります。それはもっともなことでありましょう。浄土往生の正しい行は、五種の正行であるが、それに対する雑行というものは、その数無《む》量《りょう》無《む》数《しゅ》である、これは当然のことなのです。ところが、法然上人は、雑行は正行が五通りあれば、雑行もまた五通りある、というように考えることができはしないか、と仰るのです。

私は、法然上人というお方が、頭のすぐれているお方である、と思うのであります。往生浄土の正行が五種あるならば、今度は雑行といわれるものは、これはもう数限りがないというのは当たり前なのです。それで尽きておるわけです。しかるに法然上人は、正行が五通りあるならば、雑行もまた五通りあると、そういうように考えてさしつかえないではないか、と考えられた。五種正行に対して、五種雑行を法然上人は立てておられるのであります。これは法然上人が、善導大師より知恵がすぐれておるというわけではないのであります。けれども私は、法然上人は思索力というものが非常にすぐれておられる方だと思います。親鸞聖人が法然上人を大勢至菩薩のご化身であると尊ばれたというのは、ごもっとも至極であると私は思います。

例えば、読誦正行というのは、浄土の三部経を読むことである。それに対して読誦雑行というのは、『法華経』とか、『華厳経』とか、『涅槃経』とか、『阿含経』とか、そういう三部経以外のお経を読むことであります。観察正行というのは、阿弥陀如来の安楽浄土の依報正報と、それを心にはっきり思い浮かべるということである。それに対して、大日如来とか、薬師如来というような阿弥陀如来以外の仏の浄土の、もろもろの荘厳を心に明瞭に観察していく、というのは観察雑行である、と。このようにして、浄土往生について五種正行があるならば、それに対して五種雑行というものも成り立つものである、と、法然上人は考えられて、そうして正行雑行に、正行の得、雑行の失というように、得と失を明らかにされた。これは、浄土真宗の教えなり学問なりにおいて、たいへん進んだ考え方である、と言わねばならないと思うのであります。

今お話をいたしましたことについて、五番相対の第四番目に、回向不回向対というものがあります。法然上人は五番相対を、『選択集』の中にこのように示されております。

正雑二行に就て、五番の相対有り。一つには親疎対、二つには近遠対、三つには有間無間対、四つには回向不回向対、五つには純雑対也。

（『真宗聖教全書一』大八木興文堂、九三六頁）

この五番相対のことを逐一お話ししてもいいのですが、時間を消費しますので、五番相対の、第四の相対にしぼってお話しさせていただきます。

ここでは、正行は不回向の行であるといわれます。それはつまり、回向を必要としない行だということです。それで回向を必要としないので、不回向と言うのであります。それに対して雑行は回向を必要とする行であるとはどういうことであるか、と申しますならば、念仏について言うと、例えば往生浄土を願う行者が南無阿弥陀仏と称える。これは正行でありましょう。ところがまた、ある人がおって南無阿弥陀仏と称える、けれども南無阿弥陀仏だけでは足りないと、南無薬師如来と、南無大日如来と、正行と雑行とを入りまぜて、そうして南無阿弥陀仏と称えたり、南無薬師如来と称えたり、南無大日如来と称えたり、あるいは南無観世音菩薩と称えたり、南無大勢至菩薩と称えたりするというのを雑行と言うのでありましょう。それで、この雑行の方は、回向を必要とする。正行の方は回向を必要としない。こういうように正行は不回向の行、雑行は回向の行と、法然上人は言われるのです。不回向の行は往生の行としては大いに尊い。また回向を要するところの雑行は、往生の行としては、はなはだ効能はうすい、と。これが、第四番目の回向不回向対であり、雑行正行の得失を判定する箇所であります。

法然上人は、阿弥陀如来の本願力回向ということは仰せられない。これは法然上人ばかりでなくて、善導大師も仰せられない。法然上人は、何事も善導大師に依るとご決定された方ですが、その法然上人は如来の回向ということを仰せられていない。それで、親鸞聖人が初めて、南無阿弥陀仏を如来の回向であると、『教行信証』において教えて下されたのであります。それに対して法然上人は不回向と言われた。これにつきましては、『正像末和讃』に、

真実信心の称名は
弥陀回向の法なれば
不回向となづけてぞ
自力の称念きらわるる
（『真宗聖典』五〇三頁）

というご和讃があります。それだけではなく『教行信証』の「行巻」にも、それと同じことが記されてあります。この不回向ということは、如来の本願力回向を前提にして言われている。だから、

真実信心の称名は
弥陀回向の法なれば
不回向となづけてぞ
自力の称念きらわるる
（同前）

と、親鸞聖人は仰せられました。一般の人からすれば、親鸞聖人は如来の回向ということを言ったが、法然上人は仰せられていない、と思うであろう。けれども法然上人には、如来のご回向という言葉はないけれども、不回向と仰せられた。これは如来のご回向を前提としておる。前提です。

真実信心の称名は、弥陀回向の法ということを前提にして、その上で法然上人は不回向と名付けられたのである。このように、『正像末和讃』に解釈されているわけです。

だからして、親鸞聖人が初めて、この如来の本願力回向ということを仰せられたということは、決して法然上人のお心に背いておるというわけではない。法然上人が正行は不回向である、と仰せられるのは、如来の回向を前提として、不回向の行であると仰せられておるのです。論理には前提があるのです。だからして親鸞聖人は、法然上人の仰せられたその仰せとは違うことを自分勝手に言ったということではないのであります。

それで、「信巻」を開いたのは、「行巻」だけでは如来の回向は成り立たないからでありましょう。「信巻」を開いて、念仏とは真実信心の称名であり、真実信心がなければ、称名には如来の回向が成り立たないということを明らかにされた。単なる説明ならば、「信巻」を開かなくても、説明はできるのでありましょう。ただ学問的に、科学的に説明するというだけであるなら、別にわずらわしく「信巻」をお開きになる必要はないのでしょう。けれども、実際において南無阿弥陀仏は如来の回向であり、如来回向の大行であるということは、ただ「行巻」だけであったら成り立たないのでしょう。だから親鸞聖人は「信巻」を開いて、そうして特にこの如来の回向を明らかにされたのです。「信巻」をお開きなされたのは、そういうわけであります。それゆえに、親鸞聖人は特に念仏成仏ということを仰います。念仏往生ということは法然上人の教えにもあるけれども、念仏成仏は仰らない。親鸞聖人は、

念仏成仏これ真宗
万行諸善これ仮門
権実真仮をわかずして
自然の浄土をえぞしらぬ

聖道権仮の方便に
衆生ひさしくとどまりて
諸有に流転の身とぞなる
悲願の一乗帰命せよ

（『浄土和讃』『真宗聖典』四八五頁）

と仰る。如来の回向とは、ただ漠然と如来の回向というのではなく、南無阿弥陀仏が如来回向である。念仏を離れて如来回向、ということではない。念仏を一つ押さえて、これが如来回向である。念仏が回向であるという自覚を信心と言います。信心は自覚です。自覚

の信というものによって、南無阿弥陀仏が如来の回向であるということが初めて明らかに、身をもって証明することができるのであります。

それで、親鸞聖人は特に天親菩薩の「願生偈」を大切になされたのである。「願生偈」が大切であるということは、曇鸞大師が教えて下された、こういうわけであります。また、どうしてこの天親菩薩の「願生偈」が尊く、また大切なものであるかということは、善導大師も明瞭にして下さっています。善導大師は『観経』の三心、つまり『観経』において、信心は大切であると仰った。行は大切であるけれども、行がたつということは、やはり信心が証明している。信心は自覚である。信心がなければ、自覚の証明ということがない。ただ口先でもって「これは尊い、尊い」といくら言ってみたところで、少しも証拠にはならない。自分自身が自分自身の身をもって、心をもって、身と心の一切をもって証明する。それが自覚の証明というものでありましょう。そのような自覚を天親菩薩は、ただ一心だ、と。ただ一心帰命する、と明らかにされた。それを善導大師は、『観経』の三心の中の第二の深心を「「深心」と言うは、すなわちこれ深信の心なり」（『教行信証』『真宗聖典』二一五頁）と釈し、深き心というのは深く信ずる心だ、と、まことに簡単明瞭に解釈されます。

また二種あり。一つには決定して深く、「自身は現にこれ罪悪生死の凡夫、曠劫より

已来、常に没し常に流転して、出離の縁あることなし」と信ず。（同前）

二つには決定して深く、「かの阿弥陀仏の四十八願は衆生を摂受して、疑いなく慮りなくかの願力に乗じて、定んで往生を得」と信ず。（同前、二一五～二一六頁）

と仰る。これを二種深信と言います。天親菩薩は「私は一心に尽十方無碍光如来に帰命して、安楽国に生まれんと願ずる」と、一心帰命と仰る。そこには機の深信はありません。ただ、もしあるとすれば、法の深信だけです。しかし、善導大師はこの法の深信の、もう一つの根拠になるものを、機の深信として開かれたのです。この二種深信は、真宗では有名ですので、皆さんもご承知のことかと思いますが、昔から法の深信のために機の深信はあると、こんなふうに機の深信を軽く扱うてきた。特に真宗の学問においては、昔から専ら法の深信に重きを置いて、機の深信を軽く扱うというようなことが通説になっておるのであります。

けれどもおそらくは、そうでなかろうということです。これは『歎異抄』の第十九条を拝読いたしますと、よくわかると思う。

聖人のつねのおおせには、「弥陀の五劫思惟の願をよくよく案ずれば、ひとえに親鸞一人がためなりけり。されば、そくばくの業をもちける身にてありけるを、たすけんとおぼしめしたちける本願のかたじけなさよ」と御述懐そうらいしことを、いままた案ずるに、善導の、「自身はこれ現に罪悪生死の凡夫、曠劫よりこのかた、つねにしずみ、つねに流転して、出離の縁あることなき身としれ」（散善義）という金言に、すこしもたがわせおわしまさず。されば、かたじけなく、わが御身にひきかけて、われらが、身の罪悪のふかきほどをもしらず、如来の御恩のたかきことをもしらずしてまよえるを、おもいしらせんがためにてそうらいけり。まことに如来の御恩ということをばさたなくして、われもひとも、よしあしということをのみもうしあえり。

（『真宗聖典』六四〇頁）

このように記されてあります。そうすると、機の深信とは何でありましょうか。「弥陀の五劫思惟の願をよくよく案ずれば、ひとえに親鸞一人がためなりけり」、これが機の深信というものでありましょう。だからそれを受けて、「いままた案ずるに、善導の、「自身はこれ現に罪悪生死の凡夫、曠劫よりこのかた、つねにしずみ、つねに流転して、出離の縁あることなき身としれ」（散善義）という金言に、すこしもたがわせおわしまさず」と言われているのであります。そして「されば、かたじけなく、わが御身にひきかけて」とあるように、親鸞聖人はいつもいつも、我が御身にひきかけてお話しなさる。それに対して、聖人の遺弟《ゆいてい》であるところの我々は、聖人の教えの思し召しを忘れて、そうして我が身の罪障の深きをも知らず、如来のご恩の高きをも知らずして迷う。迷うというのは、機の善悪に迷う。法に対しては迷いはないようだが、機、すなわち自分自身に対して迷うておるということですね。一応は法について迷いはないように見えるけれども、しかしながら法を信ずるところの自分自身に対しては、常に迷いを持っておる。そして常にいたずらに機の善悪をただして、いいものにならなければ仏の心にかなわないであろうと、自力をもって罪福の信心を作り上げるのであります。

だからして二種深信は、ただ法だけを見るというと、一応形が整っておる。形は整っておるようだけれども、自分自身に対してごまかしがある。自分を正直に見ない。見ないというより、見ることができない。これは、大切なことでないかと思うのであります。よって、二種深信は、法の深信よりも、機の深信の方が大切なのであります。

こんなことを言うと、非難する人があるかもしれないけれども、ちゃんとこの『歎異抄』の第十九条に、親鸞聖人の常のお言葉をあげてあります。その中に、「そくばくの業」とあります。数え切れない業を宿業として持っておる自分を、つまりどうしてみようもない自分を助けようと、阿弥陀如来は不可思議兆載永劫《ちょうさいようごう》の昔において、因位《いんに》法蔵比丘たりしときに助けよう、と。「そくばくの業をもちける身にてありけるを」というどうすることもできない者を助けよう、と。それがすなわち、無縁大悲、無縁の大慈悲というものでありましょう。無縁の慈悲とは、「無有出離之縁」（『観経疏散善義』『真宗聖教全書一』五三四頁）である。無縁とは、「無有出離之縁」である。これは二種深信の機の深信の一番終わりのところに、「曠劫よりこのかた、つねにしずみ、つねに流転して、出離の縁あることなき身としれ」と仰せられる、出離の縁のない自分である。その出離の縁のない我々、それを救おうとは只人でない。それを救おうという本願を信ずる、ということでありますから、極難信《ごくなんしん》と言わざるを得ない。

少し話が難しくなりまして、よくおわかりでない方もおいでになるかと思う。ですから、あまり詳しくお話しするとご迷惑になるかと思うのでありますが、一応申し上げました。これは清沢先生のことを言わないで、別のことを言うておるようであります。だからこれで切り上げまして、改めて「他力の救済」の三箇条を見てみます。

まず第一箇条には、

我《ワレ》他力の救済を念するときは、我《ワレ》が世に処するの道開け、

我他力の救済を忘るゝときは、我が世に処するの道閉つ、

（『清沢満之全集』第六巻、岩波書店、三二九頁）

とありますが、これは智慧ということでありましょう。やはり我らの信心の智慧を明らかにして下さっているのだと思うのであります。それから第二箇条には、

我他力の救済を念するときは、我《ワレ》物欲の為に迷さるゝこと少く、

我他力の救済を忘るゝときは、我物欲の為に迷さるゝこと多し、

（同前）

とありますが、これは力ということでしょう。信心の力です。それから第三箇条には、

我他力の救済を念するときは、我《ワレ》が処する所に光明照し、

我他力の救済を忘るゝときは、我が処する所に黒闇覆ふ、

（同前）

とあるように、これは慈悲ということです。智慧と力と慈悲。「他力の救済」は、大体このようになっているのではないかと思うのです。これは私思うに、清沢先生の最後の教訓として言われるものに「我が信念」という文章があります。「我が信念」は先生の最後の原稿を見ると、「我は此の如く如来を信ず」（同前、三三〇頁）という題が掲げてあります。私はかくのように如来を信ずる、と題されまして、如来を信ずる状態を三方面から述べて、それから転じて如来に移して考えてみると、如来は無限の慈悲であり、如来は無限の智慧であ

り、また如来は無限の力であると述べてあります。だから、「他力の救済」という文章は極めて簡単でありますけれども、「我が信念」の基礎になるものである。こういうように私は解釈してみようと思うのであります。

我らが如来を信ずるというと、どういう効能があるか、また、どういう理由があるか、また信ずるということはどういう状態であるか、というように三つの方面から観察して、そしてそれを如来の方に移してみるというと、第一の方面から言えば如来は無限の慈悲にてまします、第二の方面から如来を照らせば、如来は無限の智慧にてまします、第三の方面から如来を照らしてみるというと、如来は無限の力にてまします、とこういう具合に「我が信念」には述べてあるのであります。このことはやはり、この短い「他力の救済」のはじめに三箇条が掲げてあるということに照らせば、これがもとになって、「我が信念」が書かれたと思うのであります。ですから「我が信念」を書かれたときは、あらかじめ「他力の救済」を念頭に置いておられたのではないでしょうか。あるいは「我が信念」の文章を、「他力の救済」を書かれたときにある程度まで筆をとり、進めておいでになったのかも知れません。どちらにしましても、「他力の救済」の三箇条というものは、「我が信念」と深い関係があり、いわゆる第一箇条は信心の智慧、第二箇条は信心の力、第三箇条は信念の感ずるところの慈悲を明らかにされているのです。

他力の大信心は、自分だけ助かればいい、ということはありません。一切衆生とともに、自分が助かっていこうということがあるのです。

これは『正像末和讃』を見ると、

浄土の大菩提心は
　願作仏心をすすめしむ
すなわち願作仏心を
度衆生心となづけたり

度衆生心ということは
弥陀智願の回向なり
回向の信楽うるひとは
大般涅槃をさとるなり

如来の回向に帰入して

願作仏心をうるひとは
自力の回向をすてはてて
利益有情はきわもなし
（『真宗聖典』五〇二頁）

とあります。これは明日、明後日も続いてお話しするものであるから、時間があれば、この和讃についても詳しく解釈しようと思います。今日は時間が大分遅くなりましたから、これでもって終わりといたします。

第二講

昨日がちょうど清沢先生の御命日である、臘扇忌でございました。そして、今日と明日となお続いて、講題が「清沢満之先生に学ぶ」となっております。この「清沢満之先生に学ぶ」、という題の「学ぶ」という語には、「学ぶ」ということと、もうひとつ「習う」ということがあると、『論語』にあります。『論語』とは、孔子さまの言行録です。『論語』という名から、何か議論をして争う、という意味のようですが、そうではなく、ものの筋道を明らかにするために、お互いに相話すというのが論という意味でありましょう。仏教では経と論と律という、三通りの聖典がありますが、書物の標題に論という名前がつけられているのは、主にインドの龍樹菩薩とか無著菩薩とか世親菩薩という、大乗仏教の菩薩たちの論書のことをいいます。また、小乗仏教にも論があります。

どちらにせよ論とは、ものの筋道を明らかにするという意味ですので、仏教の教えの筋道を明らかにして間違いないようにしていくのを、論というのです。ともかく、孔子さまには『論語』というものがありまして、「論じ語る」という書物の標題です。すなわち孔子さまを主にした、孔子さまとその門弟のお方々との間で、宇宙の真理や人間の道徳などについて、いろいろ語り合いをした、その言行録を『論語』という。

それで、仏教の方で申しますと、『歎異抄』もその一つでありましょう。『歎異抄』は聖人の御物語というものを明らかにしております。それから、蓮如上人には、『蓮如上人御一代記聞書』というものがありますが、これも言行録です。こういうものがあるわけであります。

それでこの『論語』の初めに「学而第一《がくじだいいち》」という章があります。その章は「子曰く」という言葉で始まります。「子」というのは孔子さまのことを尊んで、子というのであります。

子曰く、学びて時に之を習ふ、亦説《よろこ》ばしからずや。朋、遠方より来る有り、亦楽しからずや。人知らずして慍《うら》みず、亦君子ならずや。

（『新釈漢文体系』第一巻、明治書院、一三頁）

「学びて時に之を習ふ」の「時に」とは、時々ということでしょう。時々これを身に習うておる、と。まずもって、学問というのは、学ぶということが第一である。後輩は先輩から数えを受ける。教えを受けるのを、学ぶという。後輩が先輩に学ぶ、弟子が先生に学ぶ。学ぶと申しますのは、「まな」は「まね」、「まなぶ」は「まねる」ということでありまして、つまり先生の真似をするということでしょう。先生が一言いうと、弟子は先生と同じことを言う。例えば、『阿弥陀経』を学ぶということになれば、先生が「仏説阿弥陀経」と、こう言われると、弟子がまた「仏説阿弥陀経」と真似をし、また、「如是我聞」と先生が言うと、「如是我聞」と弟子が言う。こういうふうに『阿弥陀経』を先生が言うた通りに真似をしていく。これが学ぶ、学ということでございましょう。それに対して、「時に之を習ふ」と。時々、一日の内に二時間とか三時間とか、時を決めて復習する。習うとは復習する、ということでしょう。この、復習するとは、学んだことを何遍も何遍も同じように繰り返して、そしてだんだん自分の身につけていくという意味でしょう。まずは新しいことを教えてもらって、真似をし、学ぶ。そしてそれを時間を決めて習うていくと、自分が頭で覚えたことが、身についてくる。これが「学びて時に之を習ふ、亦説ばしからずや」ということでしょう。そして、「朋、遠方より来る有り、亦楽しからずや」と続きますが、ここに「朋」ということが言われます。『清沢満之全集』を読みますと、清沢先生が東京に住所を定められまして、前から親しみをもっていたところのお弟子たちを皆、東京へ呼び迎えられ、そして仏道を互いに学習された。そして自分の得たものを、他の人にも知らせたいという願いで、浩々洞をつくって、『精神界』という雑誌を出された。これらによって、ご自身が身につけたものをさらに深めていく、また広さ、間口を拡大していかんとされた。そのためには友達というものが必要となってくるのです。こういうので浩々洞をつくり、『精神界』という雑誌を発刊せられたのです。

　そして創刊号において、精神主義ということを清沢先生は発表された。この精神主義とは、清沢先生の長い間のご苦労、ご修行の結果として、見出された道であります。それを創刊号に、「精神主義」という題目の文章として書いておられるのです。その一つの文章で一切が尽きておるというわけではなく、精神主義についての文章はいくつもありますが、ともかく『精神界』の最初に、「精神主義」という文章が載っておるのであります。全文読むと長いですから、初めから中頃までの一部分を読んでみます。

吾人の世に在るや、必ず一つの完全なる立脚地なかるべからず。若し之なくして、世に処し、事を為さむとするは、恰も浮雲の上に立ちて技芸を演ぜんとするもの丶如く、其の転覆を免る丶事能はざること言を待たざるなり。然らば吾人は如何にして処世の完全なる立脚地を獲得すべきや、蓋し絶対無限者によるの外ある能はざるべし。此の如き無限者の吾人精神内にあるか、精神外にあるかは、吾人一偏に之を断言するの要を見ず。何となれば彼の絶対無限者は、之を求むる人の之に接する所にあり。内とも限るべからず、外とも限るべからざればなり。吾人は只だ此の如き無限者に接せざれば、処世に於ける完全なる立脚地ある能はざることを云ふのみ。而して此の如き立脚地を得たる精神の発達する条路、之を名づけて精神主義といふ。

（『清沢満之全集』第六巻、法藏館、二頁）

「吾人の世に在るや」と始まりますが、文体が文語体になっています。今は皆、何もかも口語体で書きます。明治時代には口語体が全くないわけではありませんけれども、大体文語体で書いたのであります。だから今これを読みますと、少しぎこちないような感じがいたします。例えば「我々」というのを、「吾人」と書いてあります。

我々がこの世にある以上、必ず一つの完全なる立脚地がなければならない。もし完全なる立脚地なくして、うっかりとして、世に処し事をなさんとするのは、「恰も浮雲の上に立ちて技芸を演ぜんとするもの丶如く、其の転覆を免るゝ事能はざること言を待たざるなり」ということでありまして、そうであるならば我々はいかにして世に処する、完全なる立脚地を得ることができるであろうか、と。「蓋し絶対無限者によるの外ある能はざるべし」。「絶対無限者」とは仏のことであり、「ある能はざるべし」とは、能わざるであろうということでしょう。かくのごとき絶対無限者が、吾人の精神の内にあるか、心の内にあるか、あるいは我らの精神の外にあるか、そういうことは一概に決めるわけにはいかない。我らは一辺倒にこれを断言することもできないし、独断する必要もない。「何となれば」この絶対無限者というものは、これを求める人の、これに接するところにあるのであって、内にあるとも限らないし、外にあるとも限らないからである。我々はただかくのごとき絶対無限者に会い、接しないならば、世に処する完全なる立脚地にあることができない、ということを自分は言っているだけであって、絶対無限が心の内にあるか、心の外にあるかということを、何もあらかじめ決めておく必要はない。我々は実際に当たって、これを心の内に得ることもあるし、外に接することもあるのである。しかしてこのような立脚地を得ることによって、精神の発達するところの姿、状態、それを名付けて精神主義と言うのである。精神主義の定義を、清沢先生はこのように述べておいでになる。それから、精神主義とはどういうものであるかということ、すなわち、精神主義が私たちにわかってきたならばどういうことになるかということを、だんだんお話ししておられるのであります。

精神主義は自家の精神内に充足を求むるものなり。故に外物を追ひ他人に従ひて、為に煩悶憂苦することなし。而して其の或は外物を追ひ、他人に従ふ形状あるも、決して自家の不足なるが為に追従するものたるべからず。精神主義を取るものにして、自ら不足を感ずることあらんか、其の充足は之を絶対無限者に求むべくして、之を相対有限の人と物とに求むべからざるなり。（同前、二～三頁）

精神主義は、自家すなわち自分、その自分の精神、心の中に満足を求めるものが、精神主義の意味や目的である。かるがゆえに、精神主義に目を開いた者は、外物《げぶつ》を追うたり、他人に服従していくことがない。自主・自由の眼を開いているから、いたずらに外物を追うたり、他人に心にもないご機嫌をとったりはしない、と言われております。

いたずらに外なる物を追い回したり、また他人の機嫌をとったりするというと、そのために始終、煩悶・苦痛がある。人の気持ちは朝と晩とでは変わってしまうものであります。

外物、外の世界もその通りで、一定しているというわけではありません。だからして、外物や他人を追うたり、機嫌をとろうということになると、自分の煩悶・苦痛は絶えないものである、と。

しかし外物を追うたり、他人に服従することがないならば、外物と縁を絶ったり、他人と交わらずに自分だけ閉鎖的な生活をするかというと、そのようなことは、精神主義のとらざるところである。こういうように言うてある。だから、その時その時の事情が、やはりあるわけであるから、外の物を上手に利用していく。心を開いて、眼を開いて、天地万物を上手に利用し、またそれを活かしていく。そしてまた、他のどんなに自分に気に入る人であろうが、気に入らん人であろうが、自分は心を広くして、広くいろいろな人と交際をしていく。こういうことも何も精神主義者はしないというのではない、むしろ喜んでする。自分は閉鎖主義を唱える者ではない。自分は四面開放の眼を常に開いている者であるということが述べてあります。大体まとめますと、精神主義とは外物を追うたり、他人に服従したりして、自主・自由を失うて煩悶することを避けるのが精神主義である。そうかというて、外物や他人と縁を切って、自分だけの閉鎖主義でいく、というものでもない。広く他人と交際し、また広く外物を学び、学問もし、外物をたくみに利用していく、というのが、精神主義の目的とするところである。こういうように言うておるわけであります。ただ、物にとらわれないということ、もう一つ言うならば、自分の意見、そういうものに固執しない。内にもとらわれず、外にもとらわれない。こういうことが述べてあるのであります。

この文章は随分長い文章であります。それからその文章に続いて、「万物一体」(同前、五頁)という文章があります。天地万物は一体のものである。天地万物は一体である、ということは、天地万物は平等であり絶対のものであるということを、清沢先生は書いておられるのであります。「万物一体」という題は当時、清沢先生が東京に住居を決めておられた頃に京都へ見えまして、真宗大学において一席の講演をなさったときの講題でありました。その後に今の大谷高校で、その頃では真宗中学と言っておりましたが、「遠美近醜」(同前、一一四頁)というお話をされました。遠美近醜とは、何でもすべてのものは、遠くから見ると美しく見えるけれども、近づいて見ると、さほど立派なものではない。そういうことが多いものである。富士山は遠くから見ればまことに美しい山であるが、いよいよ近づいて見るとそう立派な山でも何でもない。これは人間もその通りであって、遠くから見ると、有名人というものはたいへん格がある。しかし有名人という人でも、近づいて見ると、さまざまなあらが見える。そういうようなことから、いろいろお話をされたのであります。その「遠美近醜」のご講演も、「万物一体」のご講演も、文章になって『清沢満之全集』に載っているわけでございます。

この万物一体とは、清沢先生に言わすれば、万物一体という一つの世界観であって、研究して、研究の結果、万物一体という結論を作ったのではなしに、万物を大観して、万物は一体である、という一つの立ち場に立っていく、と、こういうものであります。精神主義も同質であって、学問研究して達した結論ではないのであります。精神主義は、この世の中に立っていくについて、まずもって一つの自分の立ち場を決めていく。それが精神主義である、と清沢先生は仰るわけです。

このように言いますと、例えば西洋の方では、唯心論というものがあり、それと精神主義の主唱するところが一見似ていることから、清沢満之の精神主義も唯心論であろうと、早合点されやすい。しかし、清沢先生は精神主義と唯心論とを混乱してはならない、ということを注意しておられます。精神主義は実際に我らが世に処するところの、大体の一つの立ち場である。だから天地万物はただ精神だけであるという唯心論とは意味が違うのである。世の多くの人はそのことを混乱しているが、これを間違えないように、精神主義というものを自分らが主張している意味として了解してほしい、こういうことを述べておられる。そのために万物一体の話も出ておるわけであります。

それからまた、自由と服従ということに関しての先生のご意見が、「自由と服従との双運」（同前、九頁）という文章になって出ております。私たちは老いたるも若きも、ことに年の若い人たちは、自由を求めて戦っておられます。この自由ということにつきまして、清沢先生は、この世界に自由なんてことがあるわけではない、とはっきり言うておられます。

少しばかり読んでみますれば、我々は自由を愛して、服従を憎んでおる。そして、自由と服従とは、相容れないものとしておるが、果たしてそういうものか、と。我々はこの世にひとり出ていて、単独孤立するものではない。常にこの、外物や他人と相交わり、相俟って立っているものである。それゆえに自由と服従が現れてくる際には、全く自由と服従が並存するという事実に立って、自由と服従を考えなければならない。初めから自由と服従は両立しないと考えるのは間違いである。そういうところから、話を進めていっておられます。

それから、自分と他人とが利害を異にして、その利害を異にする二人が一緒にいて、お互いに非常に苦しんでおる。こういうことは、初めから間違っている、と。我々は天下とともに楽しむ、天下とともに憂うる。それは重大なことであって、「吾人の容易に、得て企て及ぶ所にあらざるが如しと雖も」（同前、一二頁）、つまり、できないことのようだけれども、しかしそれは全くできないことではない。清沢先生の仰る万物一体の真理ということを、信ずる信念と申しますか、万物一体の信念に立って感じていくのでありましょう。その万物一体の真理を信ずれば、この自由と服従とが、決して矛盾するものではない。我々は利己主義でなくて、世の中すべての人と楽しみ、また世の中のすべての人とともに憂うるという一つの眼を開く、ということですね。

これは一つの理念といいますか、理想、あるいは一つの願いというものでありましょう。そういう願いという形で、万物一体がある。そしてその万物一体の真理を私たちは信じて、その信念に従うて私たちは身を処していく。こういうことが精神主義でありましょう。万物一体という一つの信念をもって、自分の勝手気ままな、我がままをよく調べて、そういう我がまま勝手の願いの始末をしていく、処理していくと。こういうことが精神主義においては大切なことである、と清沢先生は言われました。

こういうことになりますと、これは極難信ということでしょう。私たちは自由を主張するためには、自由を奪ってくる必然の方が間違うており、必然が間違うておるのだから、そういうものは叩き壊さなくてはならん、と。特に年の若い人が率直に物を破壊していくのは、そういう考えを持っているからであろうと思う。けれども、この頃の若い人だけではありません。年をとった人も若い人も皆、同じことでありましょう。

精神主義は、今から見て古い考え方だと言う方もおられると思いますが、そうではありません。精神主義は、今のような時代にこそ特に必要であり、大いに将来においても尊い主義であります。ともかく、天地万物一体であることを信じて、自分の心にさまざまな、それに矛盾するような心が起こってきたならば、静かにそういう心がどこから起こってきたか、ということをつきとめる。そして、万物一体の信念がはっきりしないから、矛盾する心が起こってきたのだ、だから万物一体の信念の光が輝いてくれれば、自然に人間の我がまま、勝手な希望は間違っていると、自ら深く反省していかなくてはならぬということですね。精神主義というと、世の中と交際を絶って山の中へ住んで、ひとり得意になるということでない。むしろ精神主義は、このやかましい世界に出て、そして人を征服していくのでなくて、自分自身の知恵が曇っておるのを批判して、間違いを打ち砕いていく。それが精神主義の一つの行であります。精神主義にはそういう一つの行が、非常に必要なものであり、その行をやり通していくとは、非常な艱難《かんなん》に打ち勝っていかなくてはならないのだと思うのです。他の人と戦うのでなくして、自分は大体天下とともに楽しみ、天下とともに憂え、天下とともに苦しむ、これが精神主義の目指すところであると、清沢先生は言うておられるのです。

ですから、精神主義とは第一に、万物一体という信念を前提にして、それに対して自分が万物一体ということが明瞭でないために、自分勝手の欲望をたかぶらせて、自分で反省すべきことを忘れて、人を責める、あるいは人をうらんだりするということは、まことに憐れむべきことだ、ということに据わりをおくことである。こう清沢先生は仰っているのだと思います。そしてそれについて清沢先生は、いろいろな文章を書いておられるのであります。

それから清沢先生は徐々に思索を展開させていかれまして、「精神主義と他力」（同前、三二頁）という文章を書いておられます。「他力」という語が題に含まれていますが、清沢先生は他力ということを無批判に初めから言われているわけではありません。他にもいろいろと書いてありますが、例えばこの「競争と精神主義」（同前、二三頁）という文でも同質のことを言っておられます。なるほど他人と競争するなどということは、必要ないのでありましょう。これは蓮如上人が、「人にまけて信をとるべきなり」(『真宗聖典』八八三頁)と、『蓮如上人御一代記聞書』に仰っていることと同質なのです。すなわち、人と競争して人に勝とうということは、他力信心を求める人の正しい態度ではなく、他力の信心を得るには、まず人に負けるということです。勝つことだけ知っていて、負けることを知らないのは困ったことだけれども、まずもって負けるという一つの余裕には、負けていける世界がなければならない。「人にまけて信をとるべきなり」というのは、ただいたずらに人と競争して人に勝とう、というような考えではなく、競争すると勝ち負け両方あるので、勝つこともあるであろうし、負けることもあるであろうが、まずもってこの正しい信心を得るには、人に負けるということである。人に負けて、そして静かに自分自身を反省していくという一つの余裕があって初めて真実信心を得るのだ、と蓮如上人が言うておいでになる。しかし、「競争と精神主義」に直接、蓮如上人の言葉が引いてあるわけではありません。

また、「絶対他力の大道」(『清沢満之全集』第六巻、法藏館、四九頁)という文章が出ておりますが、これは別に清沢先生があのような文章を書かれたというわけではない。これは、門弟の人が、清沢先生のご入滅後に先生の日記を調べて、「絶対他力の大道」という題の下に、「自己とは他なし」（同前）という文を公開されたのです。ここでの「自己」とは「自分」ということですが、自分とはどんなものであるか。これは自覚の問題ですね。この自覚の問題は昨晩もお話ししたのですが、自覚の問題は二種深信、特に機の深信に深く関係があるのであります。自覚の問題は機の深信ということになるわけである。

機の深信は、自力無効ということだ。自力無効と自分自身を知る。自分自身が自力無効というところに自分の居場所、自分の安住地を見出していく。これが機の深信ということです。この機の深信について親鸞聖人は、

弥陀の五劫思惟の願をよくよく案ずれば、ひとえに親鸞一人がためなりけり。されば、そくばくの業をもちける身にてありけるを、たすけんとおぼしめしたちける本願のかたじけなさよ　（『歎異抄』『真宗聖典』六四〇頁）

と仰せられた。二種深信で大切なのは、やはり機の深信ですね。機の深信、すなわち自分自身を深く信じる。いわゆる我々はただ如来を信ずると、大きな薙刀《なぎなた》を振り回して、大ざっぱにものを考える。そういうのは真実の信心ではない。真実の信心は、まず深く自分を掘り下げるということ。自分を掘り下げていくということが大切である。

ともかく、自分自身にごまかしがある。自分を正直に見ない。見ないというより、見る

ことができないのではないか、と思うのであります。だから二種深信とは、法の深信よりも機の深信の方が大切なのです。こんなことを言うと、そんなことがあるかと批判する方があるかもしれないけれども、これはちゃんと『歎異抄』の第十九条に、御開山聖人の常のお言葉というものをあげてあるのであります。自分を掘り下げる機の深信を知らないで、そしてただ、仏の気に入ることをしていこうとする。信心とは、仏を喜ばすことであろうと決めこんで、仏はどうしたらお喜びになって、自分をかわいがって下さるかと、仏の広大無辺の心を、小さい自分の根性でもって、推し量って、仏の思し召しを決めてしまう。すなわち、自分の根性でもって自分の根性に合うような小さい仏を作り上げてしまう。そしてそれが正しい信心であるかのごとく、我々は思う。

それに対して、仏は悪人正機という。悪人正機とは悪人をあわれみ、悪人を助けて下さるという教えである。しかし、それを信じる私たちの方が、本当は仏だって悪人は嫌いに違いないと思っている。だから悪人を憐れみ、悪人を正機として、本願をおこされたというのも、仏の慈悲の広大なことを表したに過ぎないのであって、やはり仏の御心というものは、大体、我々人間の心と同じものであろうと考えている。だから悪人正機といっても、本当は、善人をお助け下さるのであって、極悪深重の者は、仏はお助け下さらないのでなかろうかと、小さい自分の根性でもって、仏の無縁大悲の御心を推し量り、仏の心を自分でもって勝手に決め、自分の小さい根性に似た、小さい根性の仏を作り上げる。それがすなわち、仏の化身化仏《けしんけぶつ》というものでありましょう。

『観経』の九品往生《くぼんおうじょう》を見ると、大体善人往生が説かれています。それに対して、『歎異抄』第三条には、

善人なおもて往生をとぐ、いわんや悪人をや。しかるを、世のひとつねにいわく、悪人なお往生す、いかにいわんや善人をや。この条、一旦そのいわれあるににたれども、本願他力の意趣にそむけり。そのゆえは、自力作善のひとは、ひとえに他力をたのむこころかけたるあいだ、弥陀の本願にあらず。しかれども、自力のこころをひるがえして、他力をたのみたてまつれば、真実報土の往生をとぐるなり。煩悩具足のわれらは、いずれの行にても、生死をはなるることあるべからざるをあわれみたまいて、願をおこしたまう本意、悪人成仏のためなれば、他力をたのみたてまつる悪人、もっとも往生の正因なり。よって善人だにこそ往生すれ、まして悪人はと、おおせそうらいき。
(同前、六二七〜六二八頁)

とあります。「善人なおもて往生をとぐ、いわんや悪人をや」というのは、『観経』の隠《おん》

彰《しょう》の実義でありましょう。しかし『観経』の言葉の表面の意味だけをとっていくと、どうもそうなっていない。『観経』を読んでいくと「悪人なおもて往生をとぐ、いかにいわんや善人をや」という善人往生を説いてある。つまり善人正機であって、悪人傍機である。『歎異抄』の「しかるを、世のひとつねにいわく、悪人なお往生す、いかにいわんや善人をや」は『観経』の顕の義、「善人なおもて往生をとぐ、いわんや悪人をや」は観経の隠彰の実義であり、第十八願の本当の思し召しです。「悪人なお往生す、いかにいわんや善人をや」というのは第十九の願、方便の願の思し召しである。だから「世のひとつねにいわく」と。法然上人には「世のひとつねにいわく」というのと同じようなお言葉がたくさんあるが、「善人なおもて往生をとぐ、いわんや悪人をや」というような言葉は少ない。だから「世のひとつねにいわく」と『歎異抄』にあるのは、親鸞聖人が法然上人の教えを批判したのである、と考える人もないわけではないと思います。けれども親鸞聖人が、法然上人のお言葉を「世のひとつねにいわく」などと、見下げたような言い方をなさるはずがない。ただ法然上人に、そういうような言葉がある、というのでその説があるのでしょう。

しかし、法然上人の教えを捨ててでも、真実の教えをとっていかなくてはならない。こういうのが、親鸞聖人の法然上人の教えに対する態度でございます。親鸞聖人は、『唯信鈔』をたいへんに尊んでおられます。『唯信鈔』は聖覚上人の作でありまして、親鸞聖人は法然上人のお弟子になるずっと前から、聖覚上人と交わっておいでになった。それから隆寛律師も心から尊敬し、隆寛律師のお作りになった聖教も、たいへんに尊んでおられます。そういう交わりの中で、法然上人の元におられた。その法然上人の教えには、やはり時代状況への配慮があります。最後まで法然上人は、ご自身の意見を発表なさるときには随分深い注意をなされた。いろいろな人の誤解を受けることを、別に法然上人は恐れておられるのではございません。自分の意見の誤解のために、正しい阿弥陀如来の本願の教えが間違われてくる。つまり、人間が邪見になるということがあるので、法然上人はご自分の思うているままのお話というものは、めったになされなかった。それから『選択集』という書物も、法然上人はめったに人にお見せになられなかった。『選択集』は付属ということがございまして、極めて少数の人を弟子の中から選んで、特定の人だけに『選択集』を写すことをお許しになった。それを『選択集』の付属と申しておる。『選択集』の付属を受ける人は、いたって稀なる者である。そうであるから、法然上人は「善人なおもて往生をとぐ、いわんや悪人をや」というようなことは、めったに仰せられない。法然上人はむしろ「悪人なお往生す、いかにいわんや善人をや」と、世の中の人が言うて伝えておるような、そういうような程度のことを教えておいでになった。これはその時代の止むを得ないものでありましょう。

法然上人と親鸞聖人は、同時代と言いますが、二人の年齢は四十歳の違いがある。親鸞聖人が法然上人にお会いになったときには、親鸞聖人は二十九歳、法然上人は六十九歳。六十九歳の法然上人と二十九歳の親鸞聖人とが、初めてお会いになった。二十九歳のお若い、お若いというよりも、もはや来年は三十歳になるという親鸞聖人。だけれども相手の法然上人は六十九歳、もう来年は七十歳にならせられるという老人である。ともかく年齢は四十歳の違いがある。年齢が四十歳の違いがあるというと、親と子ほどの隔たりがあります。親子の隔たりと申しましても、この頃、管長問題で大谷派においてはいろいろ問題になっているようだけれども、今の法主台下《ほっすだいか》と新門さまとお年を比較してみると、新門さまは数え年四十四歳、親御さまの法主台下は六十五歳です。そうすると親子の間のお年は、たった二十一の違いである。そうなるとご法主が六十五歳でもって隠居するのは少し早い。しかし、新門さまの方からいえば、親御さまからお譲りを受けるということは、四十四歳という年齢からいえばもう十二分である。親御さまからすれば隠居するには早過ぎる。お子さまからすれば親御さまからお譲りを受けるには少し遅い。そういうところに問題がある。私は別に、今の宗門の中の管長問題をかれこれ言おうというのではありませんが、法然上人と親鸞聖人の四十歳というお年の隔たりは、親子の年の隔たりより大分大きい。では、おじいさんと孫というには少し隔たりが少ない。これを今、家庭の事情ということで考えたのですが、これを一つの大きな社会や思想界ということについて考えてみると、四十年経てばたいへんな変化があるに違いないと思うのであります。

今、昭和四十四年でございますが、昭和という時代の四十四年の間において、未曾有の大戦争が行われてきたのであります。当然この戦争以前と戦争以後との間に、たいへんな時代の思想の変化というものがある。非常に激しい変化が行われたと思うのです。鎌倉時代も今の時代と同じように、時代の変化と申しますか、時代思想の変化というものが激しい時代でありました。平安王朝の王朝時代が去って、鎌倉時代というものになった。華やかな優しい公卿《くぎょう》の時代は去って、勇しい武士の時代、武家政治の時代に早変わりしている。そういう変化の激しい時代に、法然上人と親鸞聖人というお二方がご出世なされた。そしてご年齢に四十歳の違いがあるということになると、時代思想は、たいへんな大変化というものが行われておるわけでありましょう。ですから法然上人と親鸞聖人は、面授の師弟関係ではありますが、年齢からいえば親鸞聖人は法然上人の孫弟子くらいの年の隔たりがあるわけである。このような事情があるため、聖道門の教えというものについても、法然上人の時代と親鸞聖人の時代とは、たいへんに違っていたのであろうと思われます。また阿弥陀如来の他力本願のお法《みのり》につきましても、法然上人の多くの弟子の中でも、親鸞聖人はよほど末輩《まっぱい》でしょう。西山上人とか鎮西上人というのは皆、先輩でしょう。先輩の方々は、法然上人のお若いときのことをよく知ってなさる。親鸞聖人は法然上人のお若いときのことはご承知でない。親鸞聖人は、法然上人が六十歳を過ぎて七十歳にならんとするご老年のときに、お弟子になられたわけでございます。それで、他の弟子たちと親鸞聖人とは、大分時代が違っていると言えるのです。また、他の弟子たちが教えを受けられたときのご思想と、親鸞聖人が教えを受けられたときの法然上人のご思想というものも、たいへんに変わっていたに違いないと思われるのであります。

そういうようなことを念頭に置きながら、『歎異抄』などの古典を拝読していく必要があります。『歎異抄』は唯円大徳という方が、親鸞聖人の教えをいただかれた書でありま す。親鸞聖人の弟子の中にも、聖人のお若いときの弟子もおるし、聖人がご老体になってから教えを受けた方もおられる。それでこの唯円大徳と親鸞聖人というのは、ちょうど法然上人と親鸞聖人のお年が違っておるように、たいへんな隔たりがあったろうということが考えられる。だから『歎異抄』に記されてある、「故親鸞聖人御物語」（同前、六二六頁）というのは、親鸞聖人の晩年の言葉であったに違いない、と思うのであります。

法然上人は八十歳まで生きられましたし、親鸞聖人は九十歳まで、法然上人より十歳も長生きなされた。大体の信心においては変わりがない、一生涯ずっと変わりがないようだけれども、一方、思想においては年がお若いときと、ご老年になっての思想とでは、たいへんな変化があるに違いない。法然上人の時代と親鸞聖人の時代と、時代がたいへんに変わっている。法然上人の時代は大体平安時代、親鸞聖人の時代は大体鎌倉時代である。鎌倉時代の武士は、公卿より位が低い。公卿より位が低くて、庶民、一般人民とは親しみがある。公卿は位が上だから、一般の人民とは心が通わない。法然上人は公卿政治の時代、親鸞聖人のときはそれが武家政治に変わってきた。そういうことを一つ考えてみると、ちょうど今の時代で言うならば、戦争以前と戦争以後ほどの違いがあって、思想が大変わりしたということを念頭に入れて考える必要があろう、と思うのであります。

時間がもう、十二時を過ぎました。長談議をしましたようでありますが、話をまとめるには、頭がだれてしまって仕方がございません。途中でありますけれども、これでやめまして、午後にまた改めて話をしたいと思います。

第三講

昨日からお話ししておりますのは、先生の書かれた「他力の救済」という文章についてであります。極めて簡単であって、しかも音吐《おんと》朗々《ろうろう》として読むことができる。そのような文章はめったにない。近いところでは、蓮如上人の『御文』であります。「末代無智」(『真宗聖典』八三二頁)の『御文』であっても、「聖人一流」(同前、八三七頁)の『御文』であっても、これは音吐朗々として拝読していく。そしてそれを聴聞しておるというと、たいへんありがたい。それで、清沢先生の文章はたくさんありますが、そのような文章は比較的少ないのであり、その少ない中の一つが、この「他力の救済」の文章でございます。

それで、昨日からお話ししておりますのは、はじめに三箇条の、つまり他力の救済の念についてです。念というのは信念ということですが、その信念について、信念の徳といいますか、卑近な言葉で言うなら、効能、他力の信心にはどのような効能があるか、ということです。それを三箇条に分けて、そして他力救済の信念というものについて、先生がうるわしい言葉でもって、讃嘆しておられるのでございます。ですから、これを皆さまの前に朗読いたしまして、先生の尊い教えというものを、皆さまとともに聴聞したいと思います。

「他力の救済」

我《ワレ》他力の救済を念するときは、我《ワレ》が世に処するの道開け、
我他力の救済を忘るゝときは、我が世に処するの道閉つ、
我他力の救済を念するときは、我《ワレ》物欲の為に迷さるゝこと少く、
我他力の救済を忘るゝときは、我物欲の為に迷さるゝこと多し、
我他力の救済を念するときは、我《ワレ》が処する所に光明照し、
我他力の救済を忘るゝときは、我が処する所に黒闇覆ふ、
嗚呼他力救済の念は、能く我をして迷倒苦悶の娑婆を脱して、悟達安楽の浄土に入らしむるが如し、我は実に此念により現に救済されつゝあるを感ず、若し世に他力救済の教なかせば、我は終に迷乱と悶絶とを免かれさるべし、然るに今や濁浪滔々の闇黒世裡に在りて、夙に清風掃々の光明界中に遊ぶを得るもの、其大恩高徳、豈区々た

る感謝嘆美の及ぶ所ならんや、日本他力教の宗祖親鸞聖人の御誕生会を聞き、一言以て祝辞に代ふ、

明治卅六年四月一日三河大浜町西方寺に於て　清沢満之謹白

（『清沢満之全集』第六巻、岩波書店、三二九頁）

「日本他力教の宗祖親鸞聖人の御誕生会を聞き、一言以て祝辞に代ふ」と書いてあります。この原稿は、この度、臘扇忌の会で作られた、先生が自ら筆をとって書かれた文章を写真にとったものであり、先生の肉筆の面影がそのまま現れています。これは皆さんもご承知でありましょうが、清沢先生は明治三十四年の十月十三日に真宗大学の初代学長として、京都に長い間あった真宗大学を東京の巣鴨に移転して、移転開校式を行われました。そのときに清沢先生は、

我々が信奉する本願他力の宗義に基づきまして、我々に於いて最大事件なる自己の信念の確立の上に、其の信仰を他に伝へる、即ち自信教人信の誠を尽すべき人物を養成するのが、本学の特質であります。（『清沢満之全集』第八巻、法藏館、三五四～三五五頁）

という開校の辞を述べられたのです。このことは有名な話でございまして、今日なお語り

伝えられておる事柄であります。

先生は真宗大学の東京での開校より前に、宗門の改革を企てられたのであります。けれども、志を達することができなかったのですが、その改革によって、その当時の渥美契縁執事は、責任をとって職を退かれました。それに代わって石川舜台師が寺務総長という名において、今で言えば東本願寺の宗務総長の重任に当たられたのであります。そして清沢先生の宗門改革運動には、当時の真宗大学の学生が全員参加したという事情から、宗門の青年学徒は、清沢先生でなければ指導していくことはできない、ということになったのであります。それで石川師は、我が宗門の青年の教育は清沢満之師をのけて他の方ではとてもすることができない、ということをよく知られていたのでありました。それで清沢先生を招いて、「真宗大学については、一切あなたにお任せする。だから真宗大学をあなた一人で引き受けてほしい。それで真宗大学は校舎が古くなって、新たな校舎を使わなければならないから、もしあなたが学長になることを承諾なされるならば、従来の通り京都に学校を建ててもいいし、あるいは東京へ移してもかまわない。とにかくあなたは真宗大学を引き受けていただきたい」と、こういうことを話された。

先生はしばらく猶予を求められましたが、「不肖ながらお引き受けいたしましょう」と言って、引き受けられたのであります。それで先生のご希望の通り、東京へ大学を移すことに決まったわけであります。

そう決まると、まず名古屋におられた清沢先生に東京へ出てきてもらわなくてはならない、ということになって、清沢先生は東上されました。その頃石川師は、東京の巣鴨監獄に教誨師《きょうかいし》を東本願寺から派遣しておった。ところが当時の有馬という典獄が、キリスト教信者であったため、東本願寺と相談しないで、キリスト教の方を一人、教誨師として任命したわけであります。つまり監獄の典獄という職務でもって、別に東本願寺と相談する必要はないというので、キリスト教の牧師を教誨師に加えた。そのようなことから問題が起こった。石川師はそのようなことがあったこともあって、仏教を公認教にしようという運動を始めた。そのときに、東大の大学院の学生であります近角常観さんが石川師の運動に参加され、たいへん大きな功績を上げられたのであります。その功績に報いるために、その時分の建物を全部近角さんに与え、それとともに近角さんに、一年か二年でありますか、欧米の宗教事情を視察するよう命令した。それで近角さんは命を受けて、欧米に宗教事情を視察する旅に出発されたのであります。近角さんはその建築物を拠点にして、帰国後も布教伝道の狼煙を上げられたのですが、海外視察の間、その建物が留守になるものですから、留守居役を清沢先生が引き受けられたわけであります。そうして、そこに前から先生の学校の生徒として教えを受けた、暁烏敏さん、多田鼎さん、佐々木月樵さんという三人が主になって、その他には近藤純悟さんとか、あるいは和田龍造さんとか、そういう方々も加わりまして、浩々洞をつくり、『精神界』という雑誌を発刊し、そして清沢先生の宗教活動は始まったわけであります。その中で前にも述べましたように、清沢先生は精神主義という言葉でもって、ご自身の信仰運動の信を明らかにせられたわけであります。

そして真宗大学の学長、その時分は学監と申しておったのでありますが、東京へ大学が移って、初代学長を誰にするかということに一応なるわけです。清沢先生の先輩には南条文雄先生や村上専精先生もおられたのです。村上先生は『仏教統一論』を書いて、長い間の研究をまとめられました。ところが、その『仏教統一論』の第一巻は「大綱論」というのですが、その「大綱論」という第一巻を出版せられたときに、「大乗非仏説」という問題に触れて、自分としていろいろと研究した結果として、どうしても大乗は非仏説であると言わざるを得ない、と書いた。それが問題になって、たいへんやかましいことになったのであります。そのために村上先生は、宗門から脱するということになったのであります。村上先生はそういうような事情がありますから、学長になることはできないにしても、南条先生は学長になるべき人であり、それらの方にくらべれば、清沢先生は後輩であります。年齢もたいへん違っております。だけれども、宗門の学生を導いていく力を持っておる人は、清沢先生の他にないということは明瞭なのです。本山も、南条先生にも礼儀としてお願いしたのでしょうが、それらの事情を南条先生も知っておられるわけですから、もちろん辞退せられたわけであります。それで自然に清沢先生が、学監の場にすわることに決まったのであります。清沢先生は病気であられましたが、病気を押して学長をお引き受けなされたわけであります。そうして明治三十四年の十一月十三日に、移転開校式が行われたのです。

その頃には本山は借財がたくさんありまして、首が回らなかったのです。当然、学校の費用なども回ってこない。たいへんに不自由をこらえて、学校を続けてこられたわけです。それで明治三十五年の九月に学年が変わりましたときに、清沢先生は、「今のような宗門の事情のもとに、この真宗大学はまた新たなる学年を始めることになったということは、末代の不思議である」と仰られたのを、私はよく記憶しているのであります。

このように清沢先生は大学にても、非常に艱難苦労されたわけでございます。それから清沢先生の病気がだんだん重くなり、また学校にもさまざまな事情があったので、清沢先生は明治三十五年の十月の終わりに学長の職を辞せられまして、十一月に東京を去って、本山にお参りしてご法主にお暇乞いをして、愛知県の三河の大浜のお寺にお帰りになったのです。そして翌年の明治三十六年六月六日に、静かにご往生なされたのであります。それからその日が、臘扇の日となっているのです。

さて昨日から、「他力の救済」の文章を中心にしてお話ししています。この短い文章のはじめには、一条、二条、三条というような名前はついていないですが、ともかく三箇条のことが書いてあります。

それで私は、先生の最後の教訓でありますところの「我が信念」をもって、この三箇条を照らしてみたいと思うのであります。そうすると、この三箇条というものは清沢先生の信心、すなわち他力信心、他力救済の信心というものと、その信心の本体であるところの如来との関係が記されていると思われるのであります。如来というのは、阿弥陀如来のことです。別に、阿弥陀如来のほかに十方諸仏と、そういうことは清沢先生のお言葉の上に出ておりません。ただ「如来」と仰る。しかも当然、如来というのは阿弥陀如来である。それで、阿弥陀とは、光明無量、寿命無量と解釈されております。阿弥陀とは、無量ということなのでありましょう。何が無量であるかといえば、光明が無量であり、また寿命が無量である。その中で光明無量というのは、阿弥陀如来の智慧であり、寿命無量というのは、阿弥陀如来の慈悲である、と解釈されております。ところがもう一つ考えなければならないのは、如来の回向であります。

如来の回向とは、如来の救済であります。あらゆる宗教では、神の救済を説きます。仏教では如来の救済を説く。しかし、その救済とはどういうことであるかということになると、はなはだ明らかでないのです。それを親鸞聖人は、如来の救済とは如来の回向である、ということを体験なされて、『教行信証』において教えて下されているのです。

また蓮如上人には、「回向というは、弥陀如来の、衆生を御たすけをいうなり」（『蓮如上人御一代記聞書』『真宗聖典』八六二頁）とあるように、如来の回向がお助けである。お助けの体は回向である。もし如来の回向がないならば、お助けは、ただの言葉だけであって意味がないのである。だから回向とは救済の体であると仰っています。これは親鸞聖人の教えを明らかにされたものであります。だからして如来の回向とは、如来の救済である。これは蓮如上人の「信心獲得」の『御文』を例に引けば、一番よくわかると思うのであります。

信心獲得すというは、第十八の願をこころうるなり。この願をこころうるというは、南無阿弥陀仏のすがたをこころうるなり。このゆえに、南無と帰命する一念の処に、発願回向のこころあるべし。これすなわち弥陀如来の、凡夫に回向しましますこころなり。これを『大経』には「令諸衆生功徳成就」ととけり。されば無始已来つくりとつくる悪業煩悩を、のこるところもなく、願力不思議をもって消滅するいわれあるがゆえに、正定聚不退のくらいに住すとなり。これによりて、煩悩を断ぜずして涅槃をうといえるは、このこころなり。此の義は当流一途の所談なるものなり。他流の人に対して、かくのごとく沙汰あるべからざる所なり。能く能くこころうべきものなり。

（『真宗聖典』八三四頁）

これが「信心獲得」の『御文』の全文です。ここには、「南無と帰命する一念の処に、発願回向のこころあるべし。これすなわち弥陀如来の、凡夫に回向しましますこころなり」とあるように、如来回向とは、この如来の大悲方便の御心を表すものである。大悲方便が、すなわち救済でしょう。そして、救済とはどういうものであるか、といえば、私たちの持っている八万四千のつくりとつくる悪業煩悩を、如来の願力の不思議をもって消滅して下さるのだ、ということです。これがすなわち大悲方便ということでしょう。私たちの心は、無量無数の煩悩によって汚されている。ちょうどこの頃の日本の国の川々は、工場から流れ出してくる汚水によって汚染されている。それと同じです。私たちの心の中に、無量無数の工場がありまして、その工場から濁っている不潔な水が流れ出して、あらゆる川々を不潔なものにしているわけであります。それを如来の願力不思議によって、清水に復元する。それはたいへんな力を要するものである。たくさんの薬の力を要するものである。そのような信心の力、他力信心の威力を、清沢先生は明らかにされたということでしょう。詳しいことは、一応「我が信念」にも出ておりますが、しかしこの「他力の救済」の文章を見ると、たいへん簡単でありますけれども、大体の趣旨はよく了解することができると思うのであります。

実は、こういうことについて、鈴木先生が面白いことを仰っていた。「『大経』などに出てくる「如来の功徳」とか、「如来の徳」という言葉が、『教行信証』に引用してある。それで、『教行信証』を英語に翻訳する際に、「如来の徳」という言葉をどのように翻訳したらよいか。特に「徳」というのは英語で翻訳すると、どういう言葉で翻訳したらよいかと、自分は考えておるけれども、どうも英語には適当な翻訳がない。そこで自分は、いろいろと考えて「徳」という言葉は「可能性」という意味じゃないか、ということに思い至った。「徳」を「可能性」と理解してくるというと、「可能性」という言葉に、英語に適当な翻訳語がある。ただ「徳」とだけいうと、どうもはっきりわからず、翻訳できないから、自分は「徳」を「可能性」というように理解して、そして「可能性」というのを、英語に翻訳する、そういうことにしておるんだ」と、こう言われました。

一体私たちは、仏はもちろんのことですが、我々もまた、たくさんの尊い可能性を持っているに違いなかろうと思う。この可能性を仏性と言うならば、我々は仏性を持っていると考えることができる。仏になる可能性を持っておる。私も他の者も持っておる。けれども、それが可能性であって事実にならない。それを事実にするには、どうすればよいか。それが問題となってくる。可能性はあっても、自分の力でそれを現成する、ということはできません。だから、その可能性を現実にするにはどうしたらいいか、というところに、この自力・他力の問題があるのでないか、と思うのでございます。曇鸞大師の『浄土論註』では、「覈にその本を求むれば、阿弥陀如来を増上縁とするなり」(『真宗聖典』一九四頁)とあります。それから善導大師もそれを受けて、その通り解釈しておられるようであります。それを親鸞聖人は、

仏法力の不思議には
諸邪業繋さわらねば
弥陀の本弘誓願を

増上縁となづけたり
（『高僧和讃』『真宗聖典』四九五頁）
と、ご和讃にされています。
一体私たちは、「無有出離之縁」だという。機の深信においては、私たちは最後には「いずれの行もおよびがたき身なれば、とても地獄は一定すみかぞかし」（『歎異抄』『真宗聖典』六二七頁）と、匙を投げなくちゃならない。ところが我々は、阿弥陀如来の本願力回向を増上縁とする、とあります。そのときに私たちの持っておりますところの無量無数の可能性が、どうすることもならず、匙を投げなければならないような状態であるものが、如来の回向によって、一時に全部現成することができる。これが天親菩薩ならびに曇鸞大師の教えでございます。つまり、
仏の本願力を観ずるに、遇うて空しく過ぐる者なし、能く速やかに功徳の大宝海を満足せしむ。
（『浄土論』『真宗聖典』一三七頁）
というのがそれであります。もし、如来の本願力回向の増上縁がなかったならば、我々はたとえ無量無数の可能性、成仏の可能性を持っておっても、ただ空しく、有名無実である。あってもなきがごときものであります。ただ如来を信ずるときに、この如来の本願力回向にあずかるというと、可能性全部が生きてはたらく。これはひとえに如来の本願力回向に

よることである。つまりこのことが、私が感ずる一念が「絶対他力」である、と言うべきものでなかろうか。我々には何も可能性がない、というわけではありません。仏になる可能性はあるのです。あるのですけれども、仏力の、如来の回向、南無阿弥陀仏の回向がなければ、何にもならない。あってもなきがごときものであります。それはひとたび如来回向、南無阿弥陀仏の回向を得るときに、その可能性全部が円満成就するのであります。だからこそ、如来大悲の恩徳、師主知識の恩徳を、身を粉にし、骨を砕いても報謝せずにおれない。「身を粉にしても報ずべし」（『正像末和讃』『真宗聖典』五〇五頁）の「報ずべし」というのは、自分が自分に命令するのでありましょう。命令するのも自分である。だから、この身を粉にしても、骨を砕いても報謝せねばならんという、その人の自覚によって、我々が持っておるところの仏性が、単なる可能性に終わらない。それがそのまま円満成就の力というものになってくる。これはひとえに如来の回向によるからである。これを「絶対他力」と申すのである。だから、信心には仏恩報謝がある。仏恩報謝は力である。仏恩報謝は信心の力である。こういうように言うことができるのであろう、と私は思うのです。

だから、今ここにこの第二条を見ると、

我他力の救済を念するときは、我《ワレ》物欲の為に迷さるゝこと少く、

我他力の救済を忘るゝときは、我物欲の為に迷さるゝこと多し、

（『清沢満之全集』第六巻、岩波書店、三二九頁）

とありますが、ふつう物欲と申しますのは、煩悩でありましょう。煩悩は物欲でしょう。私たちの心が物欲のために迷わされ、そうして妄念・妄想となる。我々の清浄なる心の可能性が物欲に汚されて、恐るべき妄念・妄想の奴隷となってしまう。それを、「我他力の救済を念するときは、我物欲の為に迷さるゝこと少く」と書いてある。物欲のために迷わさるることとなし、と言わないで、物欲のために迷わさるること少ない、と言われている。あっても少ないとは、あってもなきがごとしということです。あってもなきがごとしということを、物欲のために迷わさるること少ない、と表現されたと、私は了解するものであります。あってもなきがごとし、ということがないならば、私たちは禅の教えのように、大悟徹底するということでありましょうけれども、我らは他力の救済であるから、清沢先生は現生においては物欲のために迷わさるること少なし、と表現されたのであります。物欲に迷わさるることなし、と表現しないで、少なし、と。少ないというのは、あるけれども、あってもないと同じということです。これを先ほどの「信心獲得」の『御文』に照らしてみますと、「つくりとつくる悪業煩悩を、のこるところもなく、願力不思議をもって

消滅するいわれある」（『真宗聖典』八三四頁）と、こう教えていただくのである。消滅する「いわれ」がある、ということは、あるかないかという問題ではなくて、あっても障げないから、あってもなきがごとしと、こういう意味である。だから『御文』と照らしてみても、大体お言葉の意味は了解できると思うのであります。他力の救済を念じたからというて、物欲のために全く迷わさるることとなし、とは言わないで、「我他力の救済を念ずるときは、我物欲の為に迷さるゝこと」が少ないと言い、「我他力の救済を忘るゝときは、我物欲の為に迷さるゝこと多し」と言われる。そして、その迷わさるることの多い我々が、他力の救済を念ぜしめていただくことによって、「我物欲の為に迷さるゝこと」が少ないのである。自分はこのようにいただいております。

あってもなきがごとしとは、無碍光、無量光の利益ということでしょう。それは、『高僧和讃』の曇鸞章の中に、

無碍光の利益より
　威徳広大の信をえて
かならず煩悩のこおりとけ
すなわち菩提のみずとなる
（『真宗聖典』四九三頁）

とあります。今現にすべての煩悩の氷が溶けて菩提の水となる、ということはない。煩悩の氷は溶けかかっていて、ほとんど水に近いようになった、ということです。それは未来だと言うけれど、未来になって突然始まるのではない。

今現在は、氷は溶けていないけれども、しかし日に日に、昼に夜に間断なく氷が溶けていく姿を、「かならず煩悩のこおりとけ」と言う。「かならず」というのは、必至滅度ということを特に表している。今までの固い氷がいっぺんに水になるというわけではない。生きているうちに、氷がだんだん溶けていく。生きているうちにすべての氷が溶けきってしまわない。けれどもこの溶ける働きは、その作用を進めて、だんだん水の状態に近づいていく。こういう未来の言葉をもって、現在の姿をうつし出したもの、と言うことができる。『曇鸞和讃』は先の『和讃』の後に続いており、それを読んでいけば、そのことはよくわかってくると思うのであります。

無碍光の利益より
　威徳広大の信をえて
かならず煩悩のこおりとけ
すなわち菩提のみずとなる

罪障功徳の体となる
　こおりとみずのごとくにて
　こおりおおきにみずおおし
　さわりおおきに徳おおし

名号不思議の海水は
　逆謗の屍骸もとどまらず
　衆悪の万川帰しぬれば
　功徳のうしおに一味なり

尽十方無碍光の
　大悲大願の海水に
　煩悩の衆流帰しぬれば
　智慧のうしおに一味なり
（同前）

未来をまたずに、必ず滅度が成就するであろうという姿が、現在においてすでに明らかになっておるということです。これは力ということですね。信心を「威徳広大の信」と言いますが、これは信心の力を表している。無限の力が、信心において表現されておる。その元は、如来は無限の能力だということがある。それゆえに、我、如来を信じたてまつるときに我らの信心に、無限の能力の徳の回向をあずかるのである。特にこの「力」というところに、如来の回向があると、私は了解するのであります。だからしてこの今の三箇条の中において、第二条はたいへん大切でありまして、信心によって、今まで力というものになっておらない私たちの能力が力となる。本来能力があっても働かないものであるから、私たちの心は物欲のために、妄念・妄想というような、恐しく浅ましく、また憐れむべき状態に陥っているのである。それがひとたび如来の回向にあずかると、おのずから我々に報恩謝徳の念仏が湧いてくる。そして、今までただ抽象的なものに過ぎなかった我々の諸々の可能性が、全部具体化し、今まで全く何の力もない私たちの自力が、本当に生きた力になる。つまり形式と質量と言うならば、質量は自力である。けれどもそれを具体的な能力として現実化せしめるものは、如来の本願力回向である。こういうふうに清沢先生は、如来の徳を「絶対他力」と讃嘆されたのです。

だから『愚禿鈔』において、二種深信を解釈されておるときに、第一の深信、すなわち機の深信で、「「決定して自身を深信する、」すなわちこれ自利の信心なり」（『真宗聖典』四四〇頁）と、機の深信を自利の信心だと言う。また続いての第二の深信は、「「決定してかの願力に乗じて深信する、」すなわちこれ利他の信海なり」（同前）と言われる。

機の深信を自利の信心だ、というのは、これは如来の回向によって、今まで何の力もない可能性、現実の力となっていないところの無量無数の可能性、それがいっぺんによみがえった、ということでしょう。これはひとえに如来回向のお力であると、私たちは感謝する。これを仏恩報謝のお念仏と申すわけであります。そのことをよく考えてみると、自力については、ふつうの意味の自力と、もう一つこの自覚的な意味の自力を考える必要がありはしないかと、私は思うわけであります。今日はこれだけです。

第四講

我が仏教界、ことに浄土真宗におきましては、西本願寺の方では島地黙雷師がおられ、それから赤松連城師、そして前田慧雲先生がおられました。我が東本願寺の方では、南条先生、村上先生、井上円了先生という尊敬すべきお方が、明治時代にはおられたのであります。この東西本願寺の先覚者たちが、さまざまに仏教界のためにお尽くし下さったご恩というのは、私たちは忘れることはできないのであります。しかし、これらの先覚者は当然、基礎工事にもご尽力下されたことは申すまでもありませんが、多くは上層建築について、たいへんにお骨折り下されたということを思うのであります。それに対して、この方々の中において、上層建築のことよりも、もっぱら基礎工事、つまりこの仏教、特に浄土真宗のお法についての基礎工事のために、短い一生涯を捧げられたのが、我が清沢先生である。こう私は思うのであります。これは清沢先生の全集を拝読しますと、よく了解することができると思います。数え年で四十一歳、満で数えますなら満四十歳にも満たないご一生でありました。そのご一生全部を仏教、特に浄土真宗の基礎工事に捧げられたと申すべきものでありましょう。ですから清沢先生という方は、他の先覚者たちと色彩を異にしていると私は思うのでございます。そのために、随分さまざまな非難を受けられたのであります。この清沢先生の教えを受け継いで先生のお言葉などを話しますと、近頃まで迫害を受けるといった状態でありました。

清沢先生のご滅後に、佐々木さんや、あるいはまた多田さん、特に北陸の方では暁烏先生、これらの方々が種々の迫害にあって、迫害にあいながらも先生の教えを広めて下されたわけでございます。とにかく近頃まで、清沢先生の教えは邪道視され、そして清沢先生の教えの話をするというと、さまざまな方面から迫害を受けると、そういうような状態でございました。

大谷大学におきましても、ようやくこの頃、臘扇忌をつとめることができるようになった。今年の臘扇忌には、一昨晩お話しいたしましたように、金子先生がお話しして下された。そして大谷大学の講堂は、臘扇忌に参加した学生で満堂だったと聞いています。ようやく今日では清沢先生の教えが、宗門において認められてきたという状態まで進んだようです。

今も申しましたように、先生のお言葉を読むと全く基礎工事です。基礎工事とは、『大経』で申すならば、因位法蔵菩薩の仕事を引き受けているということであり、そのことに一生涯を捧げられた方が清沢先生である、と申すべきだと思うのです。この因位法蔵菩薩の物語は、ちゃんと経典に書いてあるから、お話しする方はたくさんおられるわけです。しかし、因位法蔵菩薩を自分の一身に引き受けて、自分の一身を浄土真宗の他力本願のお法に捧げられた方は、清沢先生一人と言っても差し支えないと思うのです。

清沢先生は『歎異抄』をよくお読みになられた。『歎異抄』は皆さんご承知の通り、初めには親鸞聖人の御物語十箇条をあげてあります。親鸞聖人のご入滅の後に、直接に親鸞聖人のお育てにあずかった直門の方々が徐々に亡くなられ、ほとんどおられなくなって、大体、孫弟子とか曽孫弟子というお方だけになってきた。そのような時代に記されたのが『歎異抄』であります。『歎異抄』は皆さんご承知の通り、編集者はとにかく不明です。しかし「不明である」と決めてしまうわけにもいかないのでありましょう。それで『歎異抄』を作った方はどなたであろうと、昔から研究されてきたのです。本願寺の三代目の善知識、覚如上人の書に、『口伝鈔』があるが、この『口伝鈔』と『歎異抄』を比較すると、多少文章などは変わっているがよく似ているために、まず覚如上人がお作りになったと、一応考えられてきたのであります。ですから西本願寺では、『真宗法要』という題目で仮名聖教は編集されているのですが、この『真宗法要』では、『歎異抄』は覚如上人のご製作の中へ入れてあります。これは確実であるというわけにはいかないけれども、とにかく覚如上人のご製作だと一応決めて、『真宗法要』を編集してあるのでございます。

東本願寺で初めて『歎異抄』の講釈をされた方は、香月院深励講師です。香月院師は『歎異抄』の作者について、相当に研究しておられます。そして、「どうも覚如上人と決められない」と言われた。覚如上人のご製作の書を見ると、あまり念仏を強調されない。それよりも信心を強調されている。ところが、『歎異抄』では念仏を尊んで、念仏をすすめておいでになります。皆さんご承知でしょうが、『歎異抄』第二条を見ると、

おのおの十余か国のさかいをこえて、身命をかえりみずして、たずねきたらしめたまう御こころざし、ひとえに往生極楽のみちをといきかんがためなり。しかるに念仏よりほかに往生のみちをも存知し、また法文等をもしりたるらんと、こころにくくおぼしめしておわしましてはんべらんは、おおきなるあやまりなり。

（『真宗聖典』六二六頁）

という、厳しい言葉で始まっております。ここに「念仏よりほかに往生のみちをも存知し、また法文等をもしりたるらんと、こころにくくおぼしめしておわしましてはんべらんは、おおきなるあやまりなり」とあるように、「念仏」が尊ばれています。そして続けて、

親鸞におきては、ただ念仏して、弥陀にたすけられまいらすべしと、よきひとのおおせをかぶりて、信ずるほかに別の子細なきなり。

（同前、六二七頁）

と、断言されるのです。まさしくご自身の安心を表明なさるときには、「親鸞におきては」と、はっきりと仰せられておる。この「親鸞におきては」とは、「いかなる人が皆こぞって、私に反対しましても、私の安心は明晰である」ということでしょう。

それから『歎異抄』の終わりの方の第十九条にも、

> 煩悩具足の凡夫、火宅無常の世界は、よろずのこと、みなもって、そらごとたわごと、まことあることなきに、ただ念仏のみぞまことにておわします
>
> （同前、六四〇〜六四一頁）

と、「念仏のみぞまことにておわします」と仰せられてあります。だからして『歎異抄』を一貫していることは、念仏なのです。これは法然上人の、「ただ念仏して」という仰せに信順するほかに何もないことを明らかにされてあるのです。ところが『口伝鈔』の方は、念仏という言葉を皆、信心という言葉に変えてあるのです。それも最後までよく研究しなければならないことですから、今は何も申すことはできませんが、とにかく覚如上人は、念仏を避けて、むしろ信心を強調しようと、特に念仏という言葉を信心と直しておられるのです。

そうすると『歎異抄』は、覚如上人よりもっと前にできあがっているものであろうと、香月院師がお考えになって、如信上人の製作だとされた。如信上人の製作になられた聖典は一冊もありません。もしこの『歎異抄』が如信上人の撰述であるなら、如信上人に、尊い聖典の著述があるということになる。如信上人は親鸞聖人のお孫さんでありましょう。

父親は善鸞さまであります。善鸞さまは関東で異義をとなえて、親鸞聖人から勘当された方です。その善鸞さまの長男の如信上人が、尊い聖典である『歎異抄』を作られたという
ことになれば、初めて如信上人という方が、この浄土真宗の歴史の表面に出ておいでにな
る。そういうことでございます。

それで文証理証を、詳しく調べられまして、『歎異抄』は如信上人のご製作にまちがい
ないということを、香月院師が明らかにされたのです。香月院師は初めて『歎異抄』の講
義をされたのです。ところが香月院師の門弟の中に、まじめな研究者であるがゆえに、香
月院師を深く尊敬していても、香月院師の門下の人々の学問に対する態度が、どうもしっ
くりしないために、京都の高倉学寮をやめてしまうという、高倉学寮の学風に満足しない
方がおられるのであります。その中の一人に、愛知県三河の妙音院了祥という方がおられ
ます。この方は一生涯を、『歎異抄』の研究に捧げられたのです。その妙音院師の『歎異
抄』の研究が、妙音院師のお寺に長く閉じ込められてあったのでありますが、清沢先生が
亡くなられた後に公になったのです。それは『歎異抄聞記』といい、妙音院師のお話の門
弟による聞書きです。その本によって初めて、『歎異抄』を編集した人が、覚如上人でも
なく、また如信上人でもなく、おそらく『歎異抄』の中に登場する親鸞聖人の教えを受け

た人であるとされた。『歎異抄』の中で直接親鸞聖人の教えを受けている箇所といえば、第九条です。そこでは、

「念仏もうしそうらえども、踊躍歓喜のこころおろそかにそうろうこと、またいそぎ浄土へまいりたきこころのそうらわぬは、いかにとそうろうべきことにてそうろうやらん」と、もうしいれてそうらいしかば　（同前、六二九頁）

と、書き出されてあります。一体、申し入れたのは誰であるか、また申し入れを受け取った人は誰であるかということは、文章の初めを読むと書いてない。しかし、「もうしいれてそうらいしかば」とあって、すぐに「親鸞もこの不審ありつるに、唯円房おなじこころにてありけり」（同前）と続く。すると、申し入れた人は唯円房であり、申し入れを聞いたお方は親鸞聖人であるということになる。つまり問うた人と、『歎異抄』を書いた人が同一人物であるから、自分の名前など問答に出す必要がない。自分の名前などはどうでもいいのであって、自分に教えて下された師匠さまであられる親鸞聖人の教えというものが尊いのだ、と大体そのような方針で書かれてあるということです。

それでこの「親鸞もこの不審ありつるに、唯円房おなじこころにてありけり」の「ありつる」という語は、「ありつつあるに」と同じ意味で、現在進行形であります。その不審

は過去から持っている不審であるが、過去から現在までなお続いておる。だからこの不審は、一時のものではなく、生命のあらん限り続いている不審であろう。それで「ありつる」と書いてあるのでしょう。またここに、「おなじこころにてありけり」と仰せられまして、それから、「よくよく案じみれば」（同前）と言われてある。「よくよく案じみれば」とは、「弥陀の五劫思惟の願をよくよく案ずれば」（同前、六四〇頁）という、聖人の常のお言葉の「よくよく案ずれば」と通じているに違いない。だから『歎異抄』第九条の「よくよく案じみれば」とは、何を案じたかというならば、弥陀の五劫思惟の願をよくよく案じているのであって、その上で、天に躍り地に踊るほどに喜ぶべきことを喜ばない、と言われてくるのであります。そしてその理由を、我々の煩悩の執着の深さに見定めて、だから極難信であることを明らかにされているのです。それが『歎異抄』第九条の物語であります。

そこに、「唯円房」とある。そうすると、この物語を書いた人は唯円房ではないか。これが妙音院師の見解であります。私たちの口から唯円房などと申すのは、はなはだ恐れ多いことだと思います。師匠である親鸞聖人は、「唯円房」と親しんで仰せられたのでありましょうが、私たちは唯円大徳と申し上げねばならないと思います。

『歎異抄』は前半の師訓篇に続けて、異義八箇条が記されていますが、この異義は、主張であり、今ではイズムとか主義というものでしょう。何か一つの主義主張を持っておる、それを異義という。それが八箇条出ておりますが、それを受けて第十九条には、「右条々はみなもって信心のことなるよりおこりそうろうか」（同前、六三九頁）とあります。信心の異なりによって、異義は出たのであろう。それに対して、親鸞聖人の正しいご信心を明らかにしようというのが、『歎異抄』第十九条です。

『歎異抄』第十九条は、たいへん大切であるということで、妙音院師は『歎異抄』を講釈するときに、一番終わりの第十九条から講釈し始め、そして何遍も講釈を繰り返されたそうです。その聞書きが今日、公になってありまして、私たちはそれを読むことができて、教えを受けているのであります。

それとともに、『歎異抄』は覚如上人のご製作でもなく、また香月院師の見解である如信上人のご製作であるという説も打ち破って、著者は親鸞聖人の晩年のお弟子である、唯円大徳のご製作であると言われているのであります。親鸞聖人は法然上人の弟子ですが、晩年の弟子である。それと同じように唯円大徳は、親鸞聖人の晩年の弟子である。聖人の晩年になって教えを受けられた方である。だからして、聖人とはたいへん年が違っている。

親鸞聖人は法然上人よりも四十歳も年が若い。それと同じように唯円大徳は、親鸞聖人より四十数歳くらい年が違っておられた方のように思われる。

仮名聖教などによると、覚如上人が唯円大徳にお会いになって、『歎異抄』に書いてあるような親鸞聖人の教えについて聴聞なされた。覚如上人は親鸞聖人の曽孫であるから、親鸞聖人のご入滅のずっと後にお生まれになったお方である。だから覚如上人は、親鸞聖人面授の弟子である唯円大徳に会って、そしていろいろ昔のこと、親鸞聖人のご生涯や教えについて聴聞なされた。こういうことも伝えられているわけです。それでこの唯円大徳は、大体同じくらいのお年の如信上人と親しかったと考えられる。如信上人は親鸞聖人のお孫さまであり、また同時に親鸞聖人の弟子でもある。孫であっても弟子であるから、弟子としては晩年のお弟子というような位置であるから、大体、如信上人と『歎異抄』を作ったと考えられます唯円大徳とは、親しく交わっておられたと考えられる。

そうであるならば、唯円大徳が『歎異抄』を書いたときには、独り合点をして勝手に書いたというわけではなくして、自分が『歎異抄』を書くということについては、如信上人と相談した。一々相談して、如信上人の指図を受けて、『歎異抄』を書かれたということも考えられるわけであります。もしそうであるならば、『歎異抄』は、単に唯円大徳一人の著述としないで、別に如信上人の名前は出ていないけれども、如信上人と唯円大徳の二人の一つの仕事として、『歎異抄』はでき上がったものだと考えたらどうであろうか。こういうことを、この頃、東京の坂東報恩寺《ばんどうほうおんじ》の住職である坂東環城さんが言われております。なるほど、それはそのように考えても差し支えがないし、それはいいことだと私は思っております。

とにかく、「故親鸞聖人御物語之趣、所留耳底、聊注之（故親鸞聖人御物語の趣、耳の底に留まる所、聊かこれを注す）」（同前、六二六頁）と、親鸞聖人がおかくれになった後も耳の底にささやいている聖人の教えが、ただの文字でなくて、生きて唯円大徳にはたらいている。「所留耳底（耳の底に留まる所）」とは、こういうことでしょう。ただ、まさしく筆をとった方は唯円大徳だけれども、相談相手になって唯円大徳を指導した方が如信上人である。このように解釈すれば、香月院師の研究もまた無駄ではなかったということになり、香月院師の考えも妙音院師の考えと、必ずしも矛盾撞着するものでもなかろうと思うのでございます。

とにかく『歎異抄』では、如信上人のお名前はどこにも出ておらない。そして別にその証拠があるわけではないけれども、親鸞聖人の亡き後に、如信上人と唯円大徳は非常に親しくして、昔の親鸞聖人の教えについて、また自分らお二人の間の安心領解についても親しく対談をされており、如信上人のお名前は出ていないけれども、如信上人の思し召しが『歎異抄』の裏打ちをしている。そのように考えて『歎異抄』を読むならば、『歎異抄』の内容が深められると思うのでございます。これは東京の坂東報恩寺の、坂東さんの考えを述べてみたのであります。そうであるならば、一概に唯円大徳を立てるのではなく、唯円大徳も他のさまざまな方の、特に如信上人の話をよく聞いて、ただ自分個人の意見だけを書くという独断的な態度をとらないで、そして多くの人々の意見を入れて、『歎異抄』の御物語を発表しておられる。そのように見たらどうかと思うのであります。

『歎異抄』につきましては、特に清沢先生がたいへんに大切にされた。浄土真宗では、蓮如上人というたいへんに尊い善知識がお出でになって、浄土真宗を再興なさったということは、忘れてはならないことだと思われます。これは大体、覚如上人の願いが、蓮如上人が現れたことによって満足させられまして、そして浄土真宗は広く一天四海に広まったのであります。それから安心に関しても、蓮如上人はたいへんにご苦労なされて、「一念帰命」(『御文』『真宗聖典』七八七頁)と仰られた。しかし「一念帰命」ということも、覚如上人のお言葉の中にあるわけであります(『執持鈔』『真宗聖典』六四七頁)。その「一念帰命」

を、蓮如上人が「阿弥陀如来後生たすけたまえ」（『御文』『真宗聖典』八四三頁）と、一心一向に如来にたのみたてまつると表現された。これは私たちの心の深いところに、「一心」が行われるのである。そして「後生たすけたまえ」とは、後念相続の姿を表しているのでしょう。この後念相続は仏恩報謝である。その仏恩報謝の深い内面に、「後生たすけたまえ」というものが響いているのに違いない。けれども意識の表面では、仏恩報謝ということである。それで浄土真宗では、『御文』が安心の手鏡であると伝えられているのでありますす。ところが、どうも浄土真宗の教えが伝わるときに、だんだんこの基礎工事という方面が忘れられて、上層建築が特に重んぜられる傾向が続いてきておった。その傾向の流れの中に、清沢先生が出てこられたのでございます。

これは昨日もお話ししたと思うのでありますが、真宗では、ただ有難いとしか言わない。それは、仏恩報謝は有難い有難いということです。確かに有難いということに尽きているのです。けれども、その有難いという言葉を、私たちは非常に軽く使っているのでありまます。感謝の意を表する言葉として、有難いと簡単に使っております。しかし有難いという言葉は、有ること難しという意味です。つまり有難いとは、極難信ということでしょう。極難信のお法に遇うたということです。これは非常に意義深い言葉なのですが、それを私たちは日常茶飯時に使いまして、何でも有難いと、極めて手軽に使っておる。そうだからこそ報恩謝徳ということも、口では有難いという言葉を使っておりますけれども、有難いという言葉の意味は、誰も知らないと思うのです。自分で言葉を使いながら、言葉の意味を知らないで手軽に使い、言葉の意味が全く忘れられていると思うのであります。だから今の時代に報恩ということを言っても、世の中には通用しません。

それは儀式的に和讃や恩徳讃がありますので、浄土真宗の会を開くというと、終わりに必ず恩徳讃を合唱する。そのような慣習となっていますが、恩徳讃のきちんとした意味がよくわかっていないのではないか。

如来大悲の恩徳は
　身を粉にしても報ずべし
師主知識の恩徳も
　ほねをくだきても謝すべし
（『正像末和讃』『真宗聖典』五〇五頁）

と、「身を粉にしても」とか「ほねをくだきても」とあるけれども、身を粉にして骨を砕いても謝すべき広大な恩徳であるなら、何も身を粉にしなくても、骨を砕かんでもいいと考えているのです。「身を粉にしても」、「ほねをくだきても」と書いてあるが、それは恩徳の広大さを、「身を粉にしても報ずべし」、「ほねをくだきても謝すべし」と表現したのであって、何も実際に、そういうことをしなければならないというわけではないと解釈されている。しかし、私はそうではないと思うのです。やはりそういう厳しい教えであろうと思います。つまり言うならば、「身を粉にしても」、「ほねをくだきても」というのが、機の深信でしょう。それなくしてただ法だけを掲げて、法の広大恩徳ということを形容して、「身を粉にしても」、「ほねをくだきても」と言うのであれば、それらはただの形容詞に過ぎない。如来のご恩が尊く、重大であることを形容したということになってしまいます。しかし、これはただの形容詞ではないと思います。これこそ機の深信でないのか。身を粉にし、骨を砕く。これを単に法の深信であると解釈されているが、これは単なる法の深信ではない。この恩徳讃によって親鸞聖人は、機の深信をお述べになられたのでしょう。

弥陀の五劫思惟の願をよくよく案ずれば、ひとえに親鸞一人がためなりけり。されば、そくばくの業をもちける身にてありけるを、たすけんとおぼしめしたちける本願のかたじけなさよ（『歎異抄』『真宗聖典』六四〇頁）

これが機の深信です。親鸞聖人は長い一生を、仏法のために捧げて戦われた。このような親鸞聖人の一生は、恩徳讃の通りなのです。これを機の深信と言うのでしょう。何でも法の深信で解釈して、機の深信などはほとんど問題にしない。そのようになってきた。これは親鸞聖人の教えに背いているというよりは、蓮如上人の教えに背いていると思うのです。なぜならば蓮如上人は、一生涯自分の身命を仏法のために捧げられた方であるからです。その精神は、『歎異抄』の第二条の御物語にも示されてある通りです。第二条には、「おのおの十余か国のさかいをこえて、身命をかえりみずして、たずねきたらしめたまう」（同前、六二六頁）と書いてある。不顧身命です。仏法を聴聞するためには、身命を捨てなくてはなりません。そうでなければ、仏法は聴聞することができないのです。

ともかく二種深信は、機の深信が基礎工事です。その上に法の深信が成立している。法の深信は上層建築のようなものでありましょう。だから清沢先生のお言葉には、機の深信が常に底流している。「我が信念」を読んでも出ているのでしょうが、特に『臘扇記』という先生の日記によく表れています。この日記の中から清沢先生の門弟の人々が苦心をして言葉を集めて、「絶対他力の大道」という一連の文章を作られた。その「絶対他力の大道」の「自己とは他なし」と始まる一段を読んでみると、やはり「絶対他力の大道」は機の深信である。そして「絶対他力の大道」の元である『臘扇記』には、「自己とは他なし」の前に「自己とは何ぞや」（『清沢満之全集』第七巻、法藏館、三八〇頁）とある。自己を離れて

仏はない。つまり機の深信をのぞいては、法の深信というものは成立しないのである。それで、

自己とは他なし、絶対無限の妙用に乗託して任運に法爾に、此の現前の境遇に落在せるもの、即ち是なり。

（『清沢満之全集』第六巻、法藏館、四九頁）

と、清沢先生は「絶対他力の大道」の中に言われる。これは人に話をするつもりでなくて、自分のために日記として『臘扇記』を書いた。ですからこの文章は、清沢先生が発表したのではなく、先生が亡くなられてから門弟が「絶対他力の大道」という文章にまとめて、『精神界』という雑誌に発表したものです。先生が発表したのでなく、門弟が発表したのです。この「絶対他力の大道」の元となった『臘扇記』の文章には、まず「自己とは何ぞや」とある。

自己とは別に、如来を離れてあるものではない。自己とは何ぞや。「絶対無限」とは仏のことであり、「妙用」とは、本願力という意味で問題ないかと思います。「絶対無限の妙用に乗託して」とは、如来の本願力に乗託してということでしょう。そうして「任運に法爾に、此の現前の境遇に落在せるもの」とは、生かされているということです。これは、私たちが意識するとしないとに限らない、我々の心の深いところに、このような働きがあ

るのです。それで、平素意識しない私たちが意識したとき、私たちはもう、絶対無限の妙用に乗託しておるのであります。

だから、いわゆる信の一念とは、ずっと意識の深いところにあるのであります。私たちは何でも意識してとらえようとするが、意識よりもっと深いものがある。「此の現前」とは、意識の表面でありましょう。意識の表面の現前の境遇に、我らの心と環境とが相対してくる。そこに自己がある。自己とは、自分ではっきり意識する、しないにかかわらずある。だから自己とは、我自身とは、すでに絶対他力の掌中に握られている。私は知らないでいるけれども、自己に目を開いたところは、絶対他力の掌中である。このように述べておられるのでございます。

第五講

第四講では、我が浄土真宗も東西本願寺において、明治維新から、たくさんの徳の高い学僧が出世せられたということをお話しいたしました。お西はまずもって島地師、赤松師、前田先生。我が大谷派の方では南条先生、村上先生、井上先生、そして清沢先生です。他のお方々のお徳も非常に広大でありまして、また大いに我らのお法のためにお尽くし下されたところのご功績は、実に広大であります。しかし大体は、建築で譬えるならば、上層建築のほうにお尽くし下されたものと思う。それに対して、むしろ清沢先生は、もっぱら基礎工事のためにお尽くし下された、と私は思います。清沢先生の存在は、特別なものであると私は思うのであります。

そのために求道者として、非常にご苦労をなさいました。そして求道のために身体を無理されまして、それで肺結核になられたのです。その病気の身体でもって、いろいろ強《た》って事業をなされました。

それで清沢先生の精神主義ですが、大概の人は、「精神主義はダメだ」と批判されました。それは現代も変わらず、「今の時代に精神主義などは何の役にも立たない」と、多くの人は冷笑しておられます。しかし、清沢先生のご苦労とは、もっぱら基礎工事でありまず。仏法の基礎工事をされたのです。

それで私は、思い出すことがございますが、昔、今からみると七十年くらい前のことです。当時私は、京都の真宗大学の研究員の学生でありましたが、その時分に、大日本仏教青年会というのが、東京を中心にしてありました。その大日本仏教青年会に対して、関西の方でも会を作ったらどうかという話が出てきて、関西仏教青年会ができました。それから夏季講習会が毎年四月に開かれたのです。この話は、私が長生きしておりますから、私が皆さまにお話ししますと、それが記憶されてまた後の方に伝わっていくということもあることだろうと思いまして、お話をするわけであります。

明治の半ば頃だと思います。関西仏教青年会が西本願寺の大学で開催されました。西本願寺の大学とは、今の龍谷大学で、その時分は本願寺大学院と称しておりました。そのときに私も、関西仏教青年会の会員でしたので参会いたしました。そこで、お西の方でしょうが、一二三尽演というお方が講演をされた。一二三氏がどのような方かは私は存じませんが、とにかく西本願寺の布教師の大家であろうと思います。これは昔の話だけれども、一二三尽演という方の名前はちゃんと覚えております。

それで、この一二三氏のお話は、「諸君は各々京都の仏教大学に学んでおるわけである。この仏教の学問をされるということは、一応結構だけれども、学問そのものが目的ではない。学問するのは仏教の教えを、一般の民衆に広めるためであり、布教こそが学問の目的でしょう。だから諸君は学校を卒業したならば、すぐにお寺へ帰って、布教に邁進すべきものである」という内容でした。

それは間違いでない。正しい教えでありましょう。けれども学問というものも、なかなか思うようにできないものであります。思うようにできていないのに、「学校を卒業したらさっさとお寺へ帰って、学問などは投げ捨てて布教伝道に専念せよ」ということを一二三氏がお話されました。それは別に反対するわけにいかない。ごもっとも至極のお話だけれども、若い者は心の中で何か一つ反抗しておった。

ところが、その一二三氏の講演の聴衆の後ろの方に、清沢先生がおられた。清沢先生は別に講師として招聘《しょうへい》を受けていらっしゃったわけではない。今日は関西仏教青年会があるのだから、どういう話があるのか、自分も参考のために参加して話を聞こうと、それくらいのつもりで清沢先生はそこに出てこられたのでしょう。清沢先生のお姿を我々は見つけ出したものだから、これは意外でもあるし、たいへん皆喜びまして、「これは先生、よくお出で下さいました。今ほども一二三師のお話を拝聴していたのですが、今日は私たち、先生のお話も拝聴したいから、どうか一席お話をしていただきたい」とお願いしますと、先生は、「いや、今日は話などするつもりで来たのでないから」と辞退されました。けれども、皆でお願いしたものですから、清沢先生は、「では別にお話しするほどのこともないけれども、ちょっと思い浮かべたことがあるから、それだけのことをお話ししよう」とごく軽く受け流して言われて、そうして登壇されました。

そのときのお話は、『成唯識論』についての、一つの煩悩を断ずるということについてでした。自力でもって煩悩を断ずるということは、自分の心の妄念・妄想を打ち砕いて、心を清浄にし、さとりを開く。つまり、心が身体のために妄念・妄想を浮かべているのですが、その妄念・妄想を退治して、身体から心が独立する。独立などという言葉を使うのは少し無理がありますが、そのように考えて差し支えはない。これは一つのさとりというものである。それにつきましていろいろな問題があるのですが、それを解決するために、玄奘三蔵の門人であって支那法相宗の祖師といわれる慈恩大師が、『唯識述記』という書物を書かれた。その中に、仏道を求めて修行する大乗の菩薩に、智慧増上の菩薩と慈悲増上の菩薩の二通りの菩薩が示されています。略して智増の菩薩と悲増の菩薩と称されます。

この智増の菩薩は、とにかく一日も早く自分自身の煩悩の始末をして、自分のさとりの完成を目指す菩薩です。それに対して悲増の菩薩は、煩悩の始末をするということは必要であるが、それよりも相手の立場に立とうとする菩薩のことです。煩悩がさとりの妨害になるとは、一概には言えないものがある。煩悩をとどめておいて、自分の煩悩を利用して、そして相手の立場に立つ。苦悩の衆生の立場に立って、そして苦悩の衆生を教え導いていこうというのが、悲増の菩薩です。

それで慈恩大師は、智増の菩薩よりは悲増の菩薩のほうが尊いことだと、悲増の菩薩の方に賛成しておられます。これは一二三氏と同じ考えの方でありましょう。しかし清沢先生は慈恩大師の見解にとらわれずに、「今の時代において悲増の菩薩などの真似をして、学問をいい加減なところでやめて、布教伝道などをするということは、どうも私は賛成しない。やはり学問というものを究めていく必要があろう。学問を究めていくところに、おのずから、自分の力の足りなさが自覚できるであろう。その上で自分は、絶対他力の如来にすがるのである。自分の信心が、学問によって磨かれていくということが必要であろう」と仰ったのです。

学問によって自分の知恵が、相対有限であることを知って、そして絶対無限の如来を信ずるというところへ到達するのです。それを、本当に学問を究めないでいい加減にして、布教伝道をするとなると、自分の信心の吟味もせずに、ただ布教の技術などにとらわれていく。それでは布教の意味もわからず、本当の布教にもならず、布教の功績も上がらないということになるであろう。だからそうではなく、どこまでも勉強して、自分の力の無能さに目を開いていくことが大切なことである。このようなことを清沢先生が、智増の菩薩、悲増の菩薩ということに寄せてお話しなされた。私はこの出来事をよく覚えているのです。これは七十年くらい前の話でございます。そのときの学生たちも、大部分は亡くなったと思います。おそらく、その話を聞いて今生きておるのは、自分くらいのものであろうと思います。

ここで私がこの話をしますと、それをちゃんとテープにとることができる。そうすると、この話がまた年の若い方々に伝わっていく。清沢先生がこのようなお話をなされたのは、おそらく一度だけだと思うのであります。この話を聞いて、今生きているのは私一人だと思うので、清沢先生の話された心持ちを、後々のために残しておきたいと願いまして、こうして皆さんに聞いていただいたのであります。

これは、午前にお話ししましたように、建築に譬えるならば、清沢先生は上層建築のことは人にまかせて、特に基礎工事に専念された。だから清沢先生のご功績というものはわからない。しかし、それでも清沢先生の名前は、今に伝わっているということがあります。これは、「隠れたるより見《あら》はるるは莫く、微かなるより顕かなるは莫し」（『新釈漢文体系』第二巻、明治書院、一九九頁）という言葉が、私が子供の時分に読みました儒教の関係の『中庸』という書物の中に書いてあります。隠れていることが一番あきらかであって、微細なことは余計に目立ってしまう、という言葉です。そして続けて、「故に君子は其の独を慎むなり」（同前）と書いてあるのです。君子とは、儒教という孔子さまの学ばれた道を求めていく人を君子というのであって、つまり儒教の求道者のことです。「君子は其の独を慎むなり」というのは、人が見ていないからといって、気を許さずに、一人でも慎むということでしょう。人が見ているのか見ていないのか、人が聞いているのか聞いていないのか、そんなことは問題でない。人が見ていようが見ていまいが、人が聞いていようが聞いていまいが、自分一人を慎む。これが君子である。儒教の君子とは、仏教で申しますなら菩薩でありましょう。仏教では菩薩と言い、儒教では君子と言う。これは儒教と仏教との違いはあっても、共通していると思うのです。

それで、ここで再び『歎異抄』の「聖人のつねのおおせ」を見てみると、

> 弥陀の五劫思惟の願をよくよく案ずれば、ひとえに親鸞一人がためなりけり。されば、そくばくの業をもちける身にてありけるを、たすけんとおぼしめしたちける本願のかたじけなさよ
> （『真宗聖典』六四〇頁）

と、ご述懐されている。善導大師が一心帰命をひらいて、二種深信ということを教えて下された。二種深信とは、第一の深信は機の深信である。第二の深信は法の深信である。こ

の二種深信を多くの人は、機の深信は法の深信のための一つの準備、ただの手段にすぎないと考えている。だから機の深信の目的は法の深信にあって、二種深信は法の深信が大切なのであると、一般に考えられている。しかし今、『歎異抄』を読んでみますと、どうもそうではありません。

繰り返しますが、「弥陀の五劫思惟の願をよくよく案ずれば、ひとえに親鸞一人がためなりけり」とは、機の深信でしょう。「親鸞一人がためなり」とは機の深信であります。むしろ機の深信というより、機の深信のもう一つもとでありましょう。清沢先生の「絶対他力の大道」を読んでみると、

自己とは他なし、絶対無限の妙用に乗託して任運に法爾に、此の現前の境遇に落在せるもの、即ち是なり。

（『清沢満之全集』第六巻、法藏館、四九頁）

とあります。「絶対無限の妙用に乗託して」とは、如来の本願に乗託したということであり、そして「任運に法爾に」とは自然法爾ということでしょう。自然法爾に、「此の現前の境遇に落在」とは、境遇の良し悪しなど関係なく、とにかく与えられた境遇に落ちて存在したということでしょう。与えられた境遇は、自分から見れば偶然のものであり、また歴史的である。その歴史的境遇とは、歴史的に私に与えられたものである。自分から見れ

ば偶然であるけども、さらに深く考えれば歴史的必然である。与えられた境遇は、自分自身から見れば、一応偶然のものである。偶然のものだけれども、歴史的必然で、どうにもこうにも、その境遇を受けなくてはならないようになっている。これを宿業と言うのである。

けれども宿業とは、ただ宿業だけでは成り立たないものであって、宿業とは、絶対無限の妙用に乗託してあるのです。すでに如来の本願に乗託し、如来の本願に救われてあるのです。如来の本願に救われてあるところで、救われない自分を発見するのでありま す。この救われない自分であるという自覚を、機の深信と言う。この救われない宿業の自己を見出したということは、すでに救いを得ている証拠である。全く救いを得ていないところで宿業を言えば、運命論でありましょう。機の深信とは、我々が如来の願力に乗託して、現在の環境、与えられた環境に落在しているということです。与えられた環境とは、いい環境もあるし、悪い環境もある。いい環境、悪い環境があるといって、それを自分が勝手に選択するという自由はない。いい環境を順境、悪い環境を逆境と言います。順境であろうが逆境であろうが、私たちにそれを選択する自由はない。私たちにはその自由はありません。環境を与えられているということは、必然的なものである。それを私たちは、これはいやだからもっと別の環境を選ぶと主張してやみませんが、そういう自由はないのであります。二つの環境を頭に置いて、好きな方を選べというのではなくて、ただ絶対唯一の環境の前に、私たちは落在している。だから私たちは、環境に遇うことは全く必然的でありまして、それを選択する自由はないのであります。それを宿業と言う。

しかし宿業とは、如来の本願に乗託してあるということを前提にして、初めて成立するものである。清沢先生の『臘扇記』には、「自己とは何ぞや」とあります。それは阿弥陀如来の本願力に「乗託して任運に法爾に、此の現前の境遇に落在せるもの」である。落在したとは、偶然でありましょう。自分には何もわからない。ただ偶然です。私の願ったのでも、選んだのでも何でもない。自分にはわからない。自分には全く偶然であり、突然である。そういう環境を私たちは与えられている。そこに与えられている主人公は、すなわち自分である。このように清沢先生は言われるのであります。

ここで「絶対他力の大道」の言葉を読んでみます。

自己とは他なし、絶対無限の妙用に乗託して任運に法爾に、此の現前の境遇に落在せるもの、即ち是なり。

（『清沢満之全集』第六巻、法藏館、四九頁）

この現前の境遇は、自分に絶対無限から与えられたものだ。これは自分で選んだもので

も何でもない。だから自分に選ぶ自由がない。だから必然的なものである。逃れることもできないのです。そして、

只だ夫れ絶対無限に乗託す。故に死生の事、亦た憂ふるに足らず。死生尚ほ且つ憂ふるに足らず、如何に況んや之より而下なる事項に於いてをや。追放可なり。獄牢甘んずべし。誹謗擯斥許多の凌辱豈に意に介すべきものあらんや。我等は寧ろ、只管絶対無限の我等に賦与せるものを楽しまんかな。（同前）

と続けられます。これはたいへんな難行苦行と思われます。清沢先生は、この難行苦行を喜んでせられたのだと思います。

それから、

宇宙万有の千変万化は、皆な是れ一大不可思議の妙用に属す。而して我等は之を当然通常の現象として、毫も之を尊崇敬拝するの念を生ずることなし。我等にして智なく感なくば、則ち止む。苟も智と感とを具備して、此の如きは、蓋し迷倒ならずとするを得むや。一色の映ずるも、一香の薫ずるも、決して色香其の者の原起力に因るに非ず。皆な彼の一大不可思議力の発動に基くものならずばあらず。色香のみならず、我等自己其の者は如何。其の従来するや、其の趣向するや、一も我等の自ら意欲して左

右し得る所のものにあらず。ただ生前死後の意の如くならざるのみならず、現前一念における心の起滅亦た自在なるものにあらず。我等は絶対的に他力の掌中に在るものなり。

（同前、四九～五〇頁）

とあります。続いて、

我等は死せざる可からず。我等は死するも尚ほ我等は滅せず。生のみが我等にあらず。死も亦た我等なり。我等は生死を並有するものなり。我等は生死に左右せらるべきものにあらざるなり。我等は生死以外に霊存するものなり。

（同前、五〇頁）


とあります。我らは死なねばならない。しかし、たとえ死んだとしても、我らは滅するものではない。生のみが我らではない。死ぬこともまた我らである。我らは生と死と合わせ有するものである。我らは生と死とに左右せらるべきものではない。我らは生死以外に霊存するものである。このように言われている。そして、

然れども生死は我等の自由に指定し得るものにあらざるなり。生死は全く不可思議なる他力の妙用によるものなり。然れば我等は生死に対して悲喜すべからず。生死尚ほ然り、況んや其の他の転変に於いてをや。我等は寧ろ宇宙万化の内に於いて彼の無限他力の妙用を嘆賞せんのみ。

（同前）

と続きます。生きること死ぬことは、これ全く不可思議なる如来の他力の妙用によるものである。そうであるから、生を喜び死を悲しむべきでないとあります。

次に「四」の文章があるのですが、ここではそれを省いて「五」を読んでみます。

無限他力、何れの処にかある。自分の稟受において之を見る。自分の稟受は無限他力の表顕なり。之を尊び之を重んじ、以て如来の大恩を感謝せよ。然るに自分の内に足るを求めずして、外物を追ひ、他人に従ひ、以て己を充たさんとす、顚倒にあらずや。外物を追ふは貪欲の源なり。他人に従ふは瞋恚の源なり。（同前、五一頁）

絶対無限の他力はいずれのところにあるのか。それは自分の稟受においてこれを見る。されば絶対他力はどこにあるかと言えば、自分が今、落在せる現前の境遇のところにあるのです。つまり絶対無限の如来は、私たちが現に苦しんだり喜んだりしている生活のところに、常にましますものである。

また、

何をか修養の方法となす。曰く、須らく自己を省察すべし、大道を知見すべし。大道を知見せば、自己にあるものに不足を感ずることなかるべし。自己に在るものに不足を感ぜざれば、他にあるものを求めざるべし。他にあるものを求めざれば、他と争ふことなかるべし。自己に充足して、求めず、争はず、天下、何れの処にか之より強勝なるものあらんや、何れの処にか之より広大なるものあらんや。かくして始めて人界にありて、独立自由の大義を発揚し得べきなり。（同前、五二頁）

とあります。もし仮に自己が外物他人のために、傷つけられたり、損われたりするものであっても、それを懸念することは妄念・妄想である。妄念・妄想であるならば、これを除かなければならない。妄念・妄想に従ってはならない。

以下続いているのでございますが、ここでやめておきます。「自己とは何ぞや」ということと、「無限他力、何れの処にかある」ということの二つの問題が提示されて、それに対する先生の回答がここに出ているのであります。これらのことを念頭に置いて、「我が信念」を読んでいくと、「我が信念」の意味がわかってくるであろうと思うのでございます。

今年は初めて、清沢先生のお生まれになった名古屋にて臘扇忌が行われました。今回、その臘扇忌で五回にわたって清沢先生の教訓の言葉を少しばかり拝読させていただいたわけであります。清沢先生の道を求め続けた一生によって、私たちはさまざまに教えられ、導かれる。これが、自信教人信の道というものでございましょう。この自信教人信の道は、

今ほど読みました『歎異抄』では、

聖人のつねのおおせには、「弥陀の五劫思惟の願をよくよく案ずれば、ひとえに親鸞一人がためなりけり。されば、そくばくの業をもちける身にてありけるを、たすけんとおぼしめしたちける本願のかたじけなさよ」と御述懐そうらいしことを、いままた案ずるに、善導の、「自身はこれ現に罪悪生死の凡夫、曠劫よりこのかた、つねにしずみ、つねに流転して、出離の縁あることなき身としれ」（散善義）という金言に、すこしもたがわせおわしまさず。されば、かたじけなく、わが御身にひきかけて

（『真宗聖典』六四〇頁）

とありますように、親鸞聖人は、仏法のことを思いますときには、常にかたじけなくも「わが御身にひきかけて」おられる。「わが御身にひきかけて」私たちに語って下さる。それに対して、私たちは自分自身をのけものにして、上の空のように、ただ仏恩師恩と言っておる。親鸞聖人は一々、「わが御身にひきかけて」お話しして下さっているのです。これが自信教人信の道であります。

ともかく、『歎異抄』は一番大切であると思うのです。自分は長生きさせていただいたのですが、老衰して、記憶はおとろえて、思うようにお話をすることもできないような次

第でございます。それで、これだけのお話をさせていただきまして、一昨晩から昨日今日と三日間にわたりまして、五席重ねてお話をいたしました。まことに、無秩序なお話をしたことであります。皆さんには甚だご迷惑のことであると、甚だ恥じ入る次第でございます。

解題——清沢満之と曽我量深——

松原祐善

清沢満之先生は文久三（一八六三）年六月二十六日、尾張藩士徳永永則の長男として、名古屋市黒門町に生まれられ、明治三十六（一九〇三）年六月六日、愛知県碧南市大浜町西方寺で四十一歳の短生涯を閉じられた。その四十一年の霊的奮闘の生涯は、その滅後いよいよその光芒を増し、近代日本の仏教を代表する。真に清沢先生は現代の仏者と呼ぶに最も相応しい先覚者の一人である。その精神的偉業は現代人の苦悩に救済の光を与えて、今日益々多くの人々の信頼と思慕の寄せられるところとなっている。

私は清沢先生について何もご存知のない方のために、先生の東京帝国大学在学中に最も親交があり、生涯の友であられた沢柳政太郎氏（京大総長、東北大総長になられた人）の先生について語られた言葉をかりて、ごく簡単に紹介しておきたいと思う。

清沢君と私とは、明治十八年からの知己である。清沢氏はもと御承知の如く徳永と申して大学予備門へは、中途から入学せられた人である。中途から入学することは非常に六ヶ敷きことであるが、今氏が中途で入学したといふこと丈でも、初から非凡であつたことが分る。丁度その級は、大学では非常な秀才ばかり居た級で、即ち文部省総務長官の岡田良平君、法制局長の一木喜徳郎君、三井銀行総理事の早川千吉郎君、衆議院書記官長の林田亀太郎君、朝鮮国公使の林権助君、清国公使の内田康哉君、卒業までは居られなかつたが暹羅国公使の稲垣満次郎君等の級である。然るに氏が常にその首席を占めて居たのは、如何にその非凡の才を有して居たかゞ察せられる。若し、学者として進まれたら非常な大学者となり、実業家、或は政治家となられたら、氏は必ず天下に知らるゝの人になられたであらう。さうして、清沢氏は学問ばかりでなく、非常に意志の強固な人であつて、議論には若い時分から屈せぬ所の人であつた。なさうと思ふ事は必ずなす人であつた。殊に私欲に打勝ち、修養には早くより心がけて居られた。才気すぐれて居るものは、実行に欠くるものであるが、氏は才気すぐれて而も実行家であつた。要するに、学業にすぐれ、意志強固で、然も同情にたけて居られた事は、誰でも清沢氏と交つた人は御承知であらうと思ふ。尚ほ一つ私が最も敬服して居たのは、如此き性質の人にして、寛容の美徳を兼ね備へて居られたことである。自分には非常に鋭利であつて、然も他人の欠点をとがめぬ人であつた。私は生れつき傲慢不遜で多くの人を余り感服せぬ方であるが、独り清沢君のみは、心窃かに服して居た。（中略）私は、こゝに一つの疑問を持つて居る。清沢君は、さきに申した如く非凡な人である。この故に、若し物質的成功や名利等に就いては、若し自分が求むるならば充分予想の出来た人であるのに、全然それをすてゝ、身を僧界に投ぜられたといふことである。今日、宗教家の家に生れて、自身また宗教に携はるべき因縁関係ある人でも、多く名利の為に俗化してしまふ世の中に、身俗家に生れ乍ら、奮然身を宗教界に投じたるは、実に大なる教訓で、非常な美事であると思ふ。最一つは、君の如き意志の強固を以てして、尚ほ自力によらずして他力の信心を得られたことである。若し自力の宗旨が成り立つものとすれば、即ち君の如き人によつて初めて成立つであらう。然るに他力によつて安心せられたのは、これ実に人類の弱きことを示したるものにはあらざるか。（中略）之を要するに、清沢氏の一生は、実に研究すべき一生である。

（『清沢満之全集』第八巻、法藏館、五九六〜五九八頁）

と語られている。清沢先生は明治二十年、二十五歳で東京帝国大学文学部哲学科を卒業し、大学院に入学して宗教哲学を専攻。かたわら第一高等学校（現在、東京大学・教養学部）に仏国史を講じ、井上円了氏の哲学館（現在、東洋大学）に哲学の講師として通われた。郷里名古屋より両親を迎えて本郷西片町に居を構えられたのであるが、翌二十一年、東本願寺は二十六歳の先生を召して京都尋常中学校長に任命したのである。先生はここに最も愛好された学問の道を捨て、当時先生の語られた言葉をもってすれば、「東本願寺の恩義に報ゆるため」に、以後、身を僧界に投じて宗門教育に挺身《ていしん》されたのである。その間、肺結核に侵され、病身を提げて健康者以上に奮闘され、その四十一年の霊的生涯を終えられたのである。

この清沢先生が病床より起って再度東京へ戻られたのは明治三十二年で、先生三十七歳のときである。それは当時、浅草本願寺にありて勉学中の大谷光演句仏上人の招聘と在京の近角常観師等の勧誘によることが言われる。この頃、東本願寺宗務当局（石川舜台師）は、清沢先生に対し真宗大学の学監（学長）の就任を要望してきたのである。これに対し先生は、大学を宗政の本拠たる京都の地を離れて東京に移転することを第一条件として、これを承諾されたのである。かくて明治三十二年七月より真宗大学の建築工事が豊島区巣鴨の地に始められ、明治三十四年九月に竣工の予定とされていた。丁度その頃、暁烏敏・多田鼎・佐々木月樵の三師が京都の真宗大学を卒業してさらに勉学を続けるために、東京に上り清沢先生の膝下にありて研究に従事することを約し、先生の許可を得て、明治三十三年九月、上京して本郷森川町に先生と同居し、その指導を受けることになったのである。これが浩々洞の起こりであり、この師弟の共同生活の中から雑誌『精神界』が発刊され、当時の日本の青年たちに甚大な思想的影響を与えたのである。これが先生の当時社会に問うた精神主義運動である。

先生の滅後は直門の暁烏・多田・佐々木師等の三羽烏を初めとし、それに遅れて明治三十六年三月、浩々洞に入洞した曽我量深先生を加えて清沢門下の四天王と呼ばれるが、これらの門弟を中心に、精神主義運動は全国地方に拡大浸透して今日に及んでいるのである。その中、暁烏師は昭和二十九年八月二十七日、七十七歳にてご往生され、多田師は昭和十二年十二月七日、六十二歳をもってご往生、佐々木師は大正十五年三月六日、大谷大学学長の現職のまま五十二歳にてご逝去されたのである。曽我先生はその後九十六歳の長寿を保ち、直門の最後の一人として、その晩年は特にご健康にて昭和三十六年八月より大谷大学学長に就任され、任期満了の昭和四十二年三月に至る六か年にわたり学長の重責を負われ、兼ねて全国各地の有縁の地への伝道教化に身命を惜しまれることがなかった。昭和四十六年三月初めより病床に臥せられ、六月二十日に往生を遂げられた。

さて、本講話は昭和四十四年六月六日、清沢先生滅後六十六回目の臘扇忌に当たり、はじめに当名古屋別院において「清沢満之先生に学ぶ会」が誕生し、その発会に当たり九十四歳の曽我先生を請して、清沢先生晩年の絶唱とも称せられる「他力の救済」を講じていただいたのである。そのため、あらかじめ清沢先生の肉筆の原稿（岐阜県養老郡石津村唯願寺所蔵）をコロタイプ印刷にて複製して、当日の聴講者一同に頒布《はんぷ》したのである。いわく、

我《ワレ》他力の救済を念するときは、我《ワレ》が世に処するの道開け、
我他力の救済を忘るゝときは、我が世に処するの道閉つ、
我他力の救済を念するときは、我《ワレ》物欲の為に迷さるゝこと少く、
我他力の救済を忘るゝときは、我《ワレ》物欲の為に迷さるゝこと多し、
我他力の救済を念するときは、我が処する所に光明照し、
我他力の救済を忘るゝときは、我が処する所に黒闇覆ふ、
嗚呼他力救済の念は、能く我をして迷倒苦悶の娑婆を脱して、悟達安楽の浄土に入らしむるが如し、我は実に此念により現に救済されつゝあるを感ず、若し世に他力救

済の教なかせば、我は終に迷乱と悶絶とを免かれさるべし、然るに今や濁浪滔々の闇黒世裡に在りて、夙に清風掃々の光明界中に遊ぶを得るもの、其大恩高徳、豈区々たる感謝嘆美の及ぶ所ならんや、日本他力教の宗祖親鸞聖人の御誕生会を聞き、一言以て祝辞に代ふ、

明治卅六年四月一日三河大浜町西方寺に於て　清沢満之謹白

（『清沢満之全集』第六巻、岩波書店、三二九頁参照）

とある。我々はこれを誦して恰も経典の偈頌のごとくに尊く、深い感動を受けるのである。曽我先生もまずこの絶唱「他力の救済」を、インドの天親菩薩の『浄土論』、詳しくは『無量寿経優婆提舎願生偈』に照らして誦せられているようである。「願生偈」はわずか二十四行の偈頌ではあるが、天親菩薩の『浄土論』の論体は、まさしくこの偈にあることである。親鸞聖人はこの『浄土論』を「一心の華文」と仰がれているが、まさしく天親菩薩の願生の安心を表明される「一心偈」、または「安心偈」であることが思われる。すなわち偈頌のはじめに、

世尊、我一心に、尽十方無碍光如来に帰命して、安楽国に生まれんと願ず。
我修多羅、真実功徳の相に依って願偈を説いて総持して、仏教と相応す。

（『真宗聖典』一三五頁）

と表白されている。この他力回向の一心帰命の安心を、曽我先生は唐の善導大師の『観経疏散善義』の機・法二種深信のお言葉に照らしてその信心の自覚を掘り下げられ、さらにこの二種深信の自覚を、『歎異抄』に伝えられる「弥陀の五劫思惟の願をよくよく案ずれば、ひとえに親鸞一人がためなりけり」（同前、六四〇頁）のご述懐の文に、相呼応せしめて説かれている。しかる後、清沢先生の絶唱「他力の救済」のお言葉に及ぶのであり、これを講ぜんとして先生の絶筆「我が信念」に触れられている。「我が信念」は明治三十六年五月三十日に筆を擱《お》かれたものであるが、その肉筆の原本は現在、大谷大学図書館に所蔵されている。これもそれより二年遅れて昭和四十六年の臘扇忌に当たり「清沢満之先生に学ぶ会」が、これを複製してその会員に頒布している。この原本には「我は此の如く如来を信ず」と題されているのである。このことについて私は想起するのであるが、昭和三十八年六月六日、清沢満之生誕百年の記念講演会が盛大に営まれたのであるが、その折まで鈴木大拙先生もご存命であり、「清沢満之は生きてゐる」と題して感銘深いお話があった。先生は四十一歳の短生涯で終わられているが、「亡くなつた頃は精神的成長の頂点に達せられたものだと思ひます」（『鈴木大拙全集』増補新版二九、岩波書店、三〇〇頁。『親鸞教学』第三

号、大谷大学真宗学会、八九頁）と申され、

清沢さんの書かれたものを見ても、「我が絶対他力をたのむんだ」、「私が、かうなるのは弥陀の力によるんだ」と、かういふ具合に、「我」といふものを、どうしてもつけにやならんですね。その「我」が、自力の「我」ぢやなくして、他力を入れる「我」ですね。それがなけりやならぬ。それが「我一人がためなりけり」で、そこに一人といふことを見る。何も、自分一人のためになればいいといふ意味ぢやない。それでお釈迦様が「天上天下唯我独尊」と云はれたといふ。それは、お釈迦様が云はれたでも云はれんでも、どつちでもいいんだが、さういふことを誰かがお釈迦様の所へ持つて行つて、お釈迦様に云はせるやうにしたといふことは、我々の持つてをる宗教的体験の深いところから出てをるですね。その「我」を見ることが大事だらうと思ふです。（『鈴木大拙全集』増補新版二九、岩波書店、三〇一頁。『親鸞教学』第三号、大谷大学真宗学会、九〇〜九一頁）

と述べられているが、参照されてよいと思う。

さて、清沢先生と曽我先生との値遇について一言申し添えたいと思う。曽我先生は明治八（一八七五）年九月五日、新潟県蒲原郡味方村富岡量導師の三男として生まれられ、明

治三十二年、京都の真宗大学を卒業して同研究院に入学のとき、新潟県見附浄恩寺曽我恵南師の養子となり、曽我姓を名のられたのである。明治・大正・昭和の三代にわたり、九十六年の長い生涯を聞法・学道の一筋道に捧げられ、その晩年は、特に日本の全国有縁の各地を巡回して、最後病床に臥せられるまで伝道教化に身命を惜しまれなかった。曽我先生のその長い生涯を通して最も重大な事件は、明治三十四年に、清沢先生によって京都の真宗大学が東京の巣鴨の地に移転開校にともない東京に上京されてきた二十七歳から二十八歳の頃、親しく清沢先生との値遇を得られたことである。遂に意を決して浩々洞に入洞されたときは明治三十六年三月とあるが、その折は清沢先生はすでにその前年の明治三十五年十一月に真宗大学の学監（学長）を辞して、東京の地を離れて愛知県碧南市大浜町西方寺におられ、病身を養われながら、引き続き雑誌『精神界』に月々の原稿の筆をとられていたのであるが、明治三十六年六月六日、にわかに病あらたまり、喀血して先生はこの世を去られたのである。曽我先生に、「我に影向したまえる先師」と題する若き日の文章がある。清沢先生滅後五年のもので、明治四十一年六月『精神界』に発表されている。その一端を拾えば、

我等は法然聖人の如き曠世の宗教的天才を有することを光栄となすと共に、又専ら現

実界に親教師源空に依りて他力大道に入り給ひたる凡人親鸞聖人を有することを、一層深く感謝するものである。而して我々は幸に親鸞聖人の遺弟として、幼少の時より常にその遺訓たる漢文和文の聖教を拝読するの栄誉を負ふものである。されどされど、悲むべし我は極愚の凡夫であつた、不幸にして七百年前の聖者の教説は、専ら物質界に迷執しつゝある我等の俚耳に入らぬのであつた。然るに云何なる宿縁にや、我が尽十方の如来は遙に聖子清沢先生を降して我等の親教和上として下されたのである。嗚呼宿善は茲に開発して善知識に遭ひ奉つた（中略）我等の先師に於けるは、正に親鸞聖人の法然聖人に於けるに等しと信ずるのであります。

（『曽我量深選集』第二巻、彌生書房、一五八～一五九頁）

とあり、また曰く、

若し清沢先生がなかりせば、今や他力真宗全く教育ある人士の一顧をすら得ないやうになりたかも知れぬと思ふ。絶対他力の大道に付て我々が今確固なる信念を有するは一に先生の鴻恩である。我等が兎に角真面目に信仰問題に心掛くるやうになりたは一に先生の御恩である。我等が此物質万能の世の中、積極主義に狂奔する世の中に、兎に角精神主義消極主義の天地に満足せんと求むることは、偏に先師の御教訓である。

世の人が信念問題と学理問題とを混同し、宗教と倫理道徳とを混乱して煩悶して居るに際し、我々は超然として絶対信念の領域に満足し、世人が社会の改良を絶叫しつゝあるに当りて、我等は専ら自己救済の光栄を感謝し讃仰の生活を営みつゝあるは、何たる幸福ぞや。一に皆我先生を通して下されたる大悲如来の賜物と信じます。

（同前、一六四頁）

と告白されてある。昭和四十年十月に、曽我先生の満九十歳を迎えられた頌寿記念講演会が大谷大学講堂で催されたとき、その講題に、「如来ありての信か、信ありての如来か」という題目を掲げられ、それについて、

清沢先生の教えというものは、お前は如来あるがゆえに信ずるのか、また、われわれが如来を求めるがゆえに如来があらわれたもうのか、どういうものか。それを、われわれに、考えてみよと。しかし、これは、結局決めることはできないのでしょう。決めることができたときには、自分は死んでしもうている。また、死んでしもうたからというて、決まったというわけではないのであります。これあるがゆえに、こういう問題をもっているから、今日まで歩かせていただいた。そういうことがわかった。こういうようなことは、人生の不思議というのでありまするか、仏法の不思議というの

であるか。とにかく、そのような問題を掲げて教えてくだされたのが清沢満之先生。だから、清沢先生がなかったら、だれもそういうことを教えてくださる人はなかっただろうと思います。如来さまがあって、それで如来さまを信ずるのか。自分が信ずるから如来さまがあるのか。お前どう思うか。これは、どうも別に決めようたって決められない。これは、一方に決めるわけにいかないと思います。だから、ほんとうの問題になる。こういう問題を掲げて教えてくださった清沢満之という善知識に遇うた。そういうことは非常に尊いご縁であり、因縁であると、わたしは思うておるような次第でございます。それで、このような問題を、満九十歳の記念のお話のテーマとして掲げたような次第でございます。(『曽我量深選集』第十二巻、彌生書房、一四八～一四九頁。『我如来を信ずるが故に如来在す也』彌生書房、五〇～五一頁)

と述べられている。曽我先生はその晩年に及んで、清沢先生に対する思慕の情いよいよ厚く、報恩の念いよいよ深さを加えられたのである。

かくして本講話は若き日の先生の思い出を懐しみながら、清沢先生最後の絶唱である「他力の救済」を誦してゆかれた、まことに貴重な先生の法話であることを思うのである。

特に明治時代の多くの先覚たちが仏教の学問・文化の上層建築に力を尽くされたその中に、

先師清沢先生ひとりが、仏教の大地の基礎工事そのことに取り組み、悪戦苦闘して、人生における最大事件であり、人間として生きることの中心の課題たる宗教信念の確立そのことに、四十一年の生涯を捧げられたその恩徳を指摘し、仰いでおられることは、最も清沢先生の事業の真面目を覚醒し下さってありがたいことである。たとえ三千大千世界があるいは氷河と化し、火の海となって消滅することがあっても、永遠に滅びることなく、自己を失うことなき宗教的真理を、絶対他力の信念として身をもって実施されていかれたのが、清沢先生のご生涯であったと拝まれてくるのである。

Ⅱ　清沢満之先生に学ぶ——二種の深信——

一

昨年、初めて清沢満之先生の誕生されたご当地（名古屋）において、「清沢満之先生に学ぶ会」主催で臘扇忌がつとまりました。

清沢先生は名古屋の藩士の家に生まれられました。生まれの土地にもかかわらず、長い間、清沢先生の臘扇忌は、名古屋で行われてなかった。しかし深い因縁が熟して、昨年から初めて臘扇忌が、ご当地で行われるようになった。今年は第二回目です。皆さんが、お忙しい中にご出席下さいましたことを、深く感謝いたす次第であります。

清沢先生はご自身の信念を発表せられるについて、信念の名前を精神主義と名付けておられました。「精神主義」という名称を聞くと、物質主義に対する主義であると、すぐ考えることができます。よって精神主義というと、観念論だとか唯心論などではないかと、多くの人に考えられているのです。しかし清沢先生は、精神主義と唯心論とは混乱してはならないということを、明らかにして教えて下されたことは間違いないのであります。だからして、清沢先生の精神主義は唯心論とは違うのです。唯心論は学問です。精神主義は学問ではありません。精神主義は、我らの精神の依り処を求めて安心立命を得るところの一つの方法である。このように清沢先生は、文章の上に書いておられるのです。だから精神主義と唯心論を、混乱してはならないと思います。

またもう一方で、精神主義と混乱されるのが運命論です。清沢先生のお話を聞いていたある一人の少年が、「先生の思想は運命論だ」と言われた。清沢先生は、運命論とは違うということを、繰り返し話をされたそうですが、その少年はなかなか承知せずに、「やはり運命論だ」と言ったということを聞いております。私は直接その少年に会ったわけではないし、また清沢先生に会って聞いたわけでもないが、そういうことを伝え聞きしているのです。ですから精神主義と運命論ということに関して、少し考えてみてもいいのではないかと思うのであります。

清沢先生には、ご自身が編集されたわけでないけれども、清沢先生のお言葉として「絶対他力の大道」という文章があります。これは清沢先生が亡くなられてから、雑誌『精神界』に掲載された文章で、清沢先生の思想や教えを学ぶためには、極めて重要な文章であると思われます。それとともに、先生の最後に書き残して下さった「我が信念」という文章があります。この「我が信念」という文章と「絶対他力の大道」の二つは、たいへん重んずべき文章であると思われるのであります。

「絶対他力の大道」の元となった清沢先生の日記である『臘扇記』には、「絶対他力の大道」において「自己とは他なし」（『清沢満之全集』第六巻、法藏館、四九頁）と始まる前に、「自己とは何ぞや」（『清沢満之全集』第七巻、法藏館、三八〇頁）とあります。己とは何であるか、と問われています。そして、その問いに対して、「自己とは他なし」と答えられてある。ここでの自己とは、どこか遠いところにある自己ではない。自己とは、ごく極めて近いところにある。いわゆる自分自身であります。

二

自己とは他なし、絶対無限の妙用に乗託して任運に法爾に、此の現前の境遇に落在せるもの、即ち是なり。

（『清沢満之全集』第六巻、法藏館、四九頁）

これが「絶対他力の大道」という文章の冒頭です。これは真宗の教えから見れば、二種深信の内容であると言えると思います。二種深信とは、機の深信と法の深信という二種の深信のことで、真宗の信心を表しています。

それで一般の宗教では、信仰と申します。信仰とは、信じ仰ぐと書いてある。つまり、一般の宗教は、絶対無限の神を信じ仰ぐ。そして神に対して祈りを捧げ、自分の幸福について、現世祈祷をする。幸福とは、主に物質的な充実が主でしょう。何よりもお祈りの一番の事柄は、「息災延命」でありましょう。ともかく、このようなお祈りをすることが、すなわち神を信ずるということである。だから信ずるということは、信じ仰ぐという、信仰と言うている。このように考えられているのです。

仏教には、仰いで信ずるといって、仰信という言葉があるから、信仰という言葉は、どこかに探せばあるのかもしれませんが、私の知る限り、真宗の聖典を見ても、信仰という言葉には接しておりません。接していないけれども、信仰と言うても差し支えないと思います。例えば、二種深信の法の深信は、阿弥陀如来を信仰する、阿弥陀如来の徳に対して信仰すると考えても、差し支えないと思うのであります。

三

しかし、仏教では特に仏教一般でありましょうが、信仰と言わないで信心と言います。信心をあるいは信楽《しんぎょう》とも言う。

心を至し信楽して我が国に生まれんと欲うて、乃至十念せん。もし生まれずは、正覚を取らじ。唯五逆と正法を誹謗せんをば除く。

（『大経』『真宗聖典』東本願寺出版部、一八頁）

これは、第十八願の文です。「心を至し信楽して我が国に生まれんと欲う」、これを本願の三信《さんしん》と言います。この至心・信楽・欲生は、体が一つである。信心とは、我々衆生が起こすものであるから、我々衆生に属するものでありましょう。

念仏は法と申しまして、仏に属するものである。それに対して、信心は我々衆生に属するものである。ところがこれを転倒して、念仏を称える者自身に属するものにした、またはしようとする。これが、自力根性である。これは第二十願の問題である。このように『教行信証』には教えて下されてあります。念仏は、阿弥陀如来が衆生往生の行として、五劫の思惟によって決定された行である。ですからこれは、仏に属するものである。

念仏以外の行は、我々衆生に属するものであるに違いありません。念仏以外の行は、自力の行であります。例えば、布施の行、あるいは持戒の行、忍辱・精進の行などは、みな我々の自力でもって修するものであるから、我々の機に属するものでありましょう。ただ一つ、南無阿弥陀仏という行は、私たちに南無阿弥陀仏と称えさせようという仏の願力であり、また念力でありましょう。

そのように、仏の念願である南無阿弥陀仏という念仏は、仏が決定されたものである。これを選択本願と申すのである。念仏は私たちが称えさせていただくのでありまして、口でもって称えるのですが、仏の心を念じて、南無阿弥陀仏と称えるのであるから、南無阿弥陀仏といくら称えても、これは自分が称えると言うことはできません。称えさせていただいておるのである。これを他力回向、本願力回向の南無阿弥陀仏といただいているのでございます。

四

念仏は法であり、仏に属するものである。信心は我々衆生の機に属するものである。その信心もまた、

それ以みれば、信楽を獲得することは、如来選択の願心より発起す

（『教行信証』『真宗聖典』二一〇頁）

と、『教行信証』の「信巻」の別序に示されてあるように、如来の願心より発起するものです。如来の願心とは第十八願に誓われる、至心・信楽・欲生のことですが、要は、信楽の一つである。

信楽、いわゆる他力の大信心とは、私に仏が与えて下されたものです。念仏だけを、私たちに与えることはできません。つまり、念仏を与えるときに、念仏とともに信心を与えて下された。念仏を離れて信心だけを与えるということはできないし、信心を離れて念仏だけを与えるということはできません。まず念仏を我々に与えようというのが、仏の本願

でありましょう。仏の本願は念仏を与えて、念仏を称えさせようという本願であります。念仏を与えるについて、その念仏を受け取るところの信心、それを念仏と一緒に私たちに与える。ただ念仏だけを与えるわけにいかない。だから、念仏をいただくには、まずこの信心の手をもって、念仏の宝を頂戴するのである。
回向の法は南無阿弥陀仏です。そして回向の機は真実の信心である。どちらか一つあれば、もう一つはいらないのだ、というわけにはいきません。この二つはどちらが重いか、軽いかと決めるわけにはいかないと思うのであります。

五

それに対して、

真実の信心は必ず名号を具す。名号は必ずしも願力の信心を具せざるなり。

（同前、二三六頁）

と、『教行信証』の「信巻」に示してあります。名号という言葉は第十七願にある。第十七願は、諸仏称名の願です。

たとい我、仏を得んに、十方世界の無量の諸仏、ことごとく咨嗟して、我が名を称せずんば、正覚を取らじ。

（『大経』『真宗聖典』一八頁）

とありますが、「我が名」とは、詳しく言えば我が名号です。第十八願には「乃至十念」とあり、念とは念仏である。つまり「乃至十念」とは、「乃至十念仏」である。第十八願には念仏とあり、第十七願には名号とある。けれども、事柄は一つです。学者の中には、名号と言えば所行であり、念仏と言えば能行であると、所行・能行という概念を作って、区別をする人があるようですが、『教行信証』を初めとする諸々の聖教には、所行・能行という区別はないのです。名号も念仏も、ともに所行の法である。念仏は能行ではないのでありまして、称えるのは私たちが称えるのであるが、所行なのです。

つまり、第十七願は善知識の教えの中の言葉である。第十八願はその教えをいただいたところの、私たちの言葉である。念仏は私たちの念仏である。第十七願は善知識の教えの念仏である。善知識の念仏を名号という。行者の名号を念仏という。念仏というも名号というも、別に機と法とを区別するわけではない。念仏といえば、皆、法である。それを能行という言葉を使うと、一体機であるか、法であるかという区別が出てきて、かえって機法の分限が判明しないことになる。だからして信心は機である。けれども念仏は法である。

ただ名号というも、ともに法である。

善知識が南無阿弥陀仏と仰せられれば、我ら行者は、善知識の教えをいただいて、南無阿弥陀仏と称える。しかし、善知識の名号も行者の念仏も、ともに法である。法であることにおいて変わりはない。

私たちは、第十七願からあらわれた善知識の教えをいただいて、念仏を称える。その念仏を称えるということは、その行者に学問があろうが、あるまいが、あるいは特別な徳を持っていようが、持っていまいが関係ないのです。別に讃えるような徳がなくとも、第十八願の念仏の行者は、おのずから第十七願の諸仏の伝統を継ぐ者である。

このことについて、『教行信証』の「化身土巻」の最後の『安楽集』の言葉には、

『安楽集』に云わく、真言を採り集めて、往益を助修せしむ。何となれば、前に生まれん者は後を導き、後に生まれん者は前を訪え、連続無窮にして、願わくは休止せざらしめんと欲す。無辺の生死海を尽くさんがためのゆえなり　（『真宗聖典』四〇一頁）

と、記されています。前《さき》なる者は後なる者を導き、後なる者は前なる者を訪ろうて、師資相承して、いつまでも続いていく。あらゆる迷える衆生を、ことごとく救うてやろうというのが阿弥陀如来の本願である。

第十八願の文は、今では「至心信楽欲生我国乃至十念」とあるけれども、詳しい意味は、「至心信楽欲生我国称我名号乃至十念」ということでしょう。「至心信楽欲生我国」の三信と、「乃至十念」との中間に、「称我名号」という四つの文字が隠れているのです。その「称我名号」の四文字をとって、法蔵菩薩が第十七願を建てられたのでしょう。そして諸仏称名の願という名前でもって、南無阿弥陀仏の念仏の法を明らかにされたのです。それが、第十七願であります。

法然上人は、ただ第十八願の一願をもって、選択本願と決められたのだが、『教行信証』の「行巻」の、「正信偈」の偈前の言葉に照らしてみると、第十八願と第十七願の二願とも、選択本願ということになっております。第十七願が選択本願の行で、第十八願は選択本願の信心である。このように、「正信偈」の偈前の言葉にあるのであります。ですから、もし法然上人の浄土宗が、第十八願の一願建立であるというならば、『教行信証』を製作された浄土真宗の親鸞聖人の教えというのは、第十七願、第十八願の二願建立であるといえましょう。法然上人は一願建立の浄土宗。親鸞聖人は二願建立の浄土真宗。一願建立か二願建立か、というように考えると、法然上人と親鸞聖人の教えの関係が、明瞭になるであろうと思うのであります。

今、清沢先生のお話をしようと思うておったのが、はからずも『教行信証』と『選択集』の話に転じていったのであります。

大体、清沢先生は、『教行信証』とか『選択集』だとかいうことは、あまり話しておられません。話してはおられないわけですが、清沢先生は少年時代から真宗の教えを尊んで、真宗の教学について熱心に求道した求道者であるので、求道の精神をもって、真宗学の勉強をなされた方であると、私は信じて崇《あが》めているのであります。

ともかく、まずもって初めに話した、運命論ということに立ち返って考えてみたいと思います。

六

運命論と清沢先生の精神主義が、どう関係しているのか。「我が信念」をずっと読んでいきますと、一番最後のところに、「死生命あり、富貴天にあり」(「我が信念」『清沢満之全集』第六巻、法藏館、一二三四頁) という言葉が出ております。そしてそれに続けて、「私の信ずる如来は、此の天と命との根本本体である」(同前) と述べられて「我が信念」は結ばれます。

それで「死生命あり、富貴天にあり」とありますが、この死生とは文字通り、死ぬことと生きることであり、富貴とは、詳しく言えば富貴と貧賤です。死生は命にあり、富貴と貧賤とは天にある。こういう言葉が中国の儒教の中にあって、皆誰もが知っている言葉である。

「死生命あり、富貴天にあり」という言葉は誰でも知っているが、私の信じる如来というのは、他ならぬ天であり命である。天命の根本本体が、我が信ずる如来である。こういう言葉でもって、「我が信念」を結んであるのであります。

七

清沢先生が「我が信念」の原稿を東京へ送って下さったときは、先生はまだご存命でありました。ご存命ではありましたが、「我が信念」が掲載される雑誌を編集している間に、先生はお亡くなりになった。それで編集の形を変えて、「我が信念」を大きな活字に組み替えて、明治三十六年の『精神界』六月号を特別号として、「我が信念」という文章を扱って、最初に掲げたのです。

それで、今申しましたように「我が信念」において、如来とはどういう方であるかということに対して、如来という方は天と命との根本本体であると、こういうように結んであるのです。運命のことをあるいは天命と言う。天命とも運命とも同じ意味の言葉、同義語である。ですから、頭の優れている少年が、どこまでも清沢先生に反抗して、先生の精神主義は要するに運命論であると言った。それは一理あると思うのでございます。それならば、精神主義と運命論が同じものであるか、どういうものであるかということについて考えてみる必要があると思うのであります。

清沢先生の文章の中に、「自由と服従との双運」（同前、九頁）というものがあります。私たちは、自由自由とむやみに自由を求めますが、自由を求めるならば、自由に対して服従ということがある。この服従を嫌ってただ自由を叫んでは、自由は得られない。絶対服従すれば絶対自由を得ることができる。こういう文章でございます。

我々は完全なる自由を得ようと考えるならば、無条件に服従すべきことには服従していかなくてはならない。自由と服従は、右手と左手の関係であって、右手の自由を得ようと思うならば、左手は服従しなければなりません。服従をしないで、ただ自由だけを求めても、自由を得ることはできない。これは当たり前の話です。

しかしこういうところが、浄土真宗の言葉で言えば極難信ということであり、もしくは宿善開発ということであると、私は思うのであります。このようなところを問題としたところに、清沢先生が自分の生命をかけて、浄土真宗に触れてこられたということがあるのだと思うのです。多くの人は、清沢先生は哲学者だから、形而上の哲学を言うておいでたと思って、清沢先生を敬遠します。しかし、そういうものではないことを、よく知らなければならないと思うのであります。

まだ時間まで少しありますが、自分は少し年をとって今年九十六歳で、少し大きな声を出したものだから、些か疲労しました。ですから午前はここまでにさせていただきます。とにかく精神主義と運命論の違いを明らかにするためには、清沢先生が「精神主義」の中で、精神主義は完全なる自由主義である、と言っていることをまず念頭に置く必要があると思われます。

では、どうしたら完全なる自由主義を得ることができるかといえば、無条件の服従を知らなければならないのです。服従すべきことには、どのような困難なことでも、いさぎよく服従していくところに、完全なる自由主義が出現する。このように清沢先生は教えておられるわけであります。午前の席はこれで終わります。

八

清沢先生の絶筆といわれ、最後の教訓である「我が信念」は、元は「我は此の如く如来を信ず」（『清沢満之全集』第六巻、岩波書店、三三〇頁）という題で書かれた文章です。そこには、一体、如来を信ずるとはどんなことか、またなぜ如来を信じなければならないのか、そしてそれにはどのような効能があるのかということが、ずっと述べられています。それから今度は方向を転じて、如来とはどういう方であるかということを明らかにしていかれるのであります。

第一には如来は無限の慈悲である。第二には如来は無限の智慧である。第三には如来は無限の能力である。このように明らかにしておられる。そして、如来は無限の能力であると述べられている箇所に、如来はいかようにして我々を助けて下さるかということを述べられている。如来は我々の一切の責任を負うことによって、我々を助けて下さるのである。だからすでに、我々は如来を信ずれば、如来は私の一切の責任を代わって引き受けて下さるものである。

そうであるならばです。如来を信じた上は、もう何にも心配はない。一切責任は如来におまかせして、心の欲するところに従うて、悠々として生活をしていくことができるわけである、と。

そういうようなことをずっと述べられまして、最後に、「死生命あり、富貴天にあり」という言葉があり、そして天と命との根本本体が、我が信ずるところの如来である、という言葉でもって、「我が信念」は終わっておるのであります。

九

この如来を信ずることと運命論と、どう違うのであろうか。つまり精神主義と運命論について、お話をいたしているわけです。清沢先生は、絶対他力を信ずることが、精神主義であると言っておられます。もし、精神主義が畢竟するに運命論であるならば、絶対他力を信ずる浄土真宗の信者は、ただ運命を信ずる運命論者であろうか。このような問題について、もうしばらくの間お話をいたしまして、皆さまのご清聴をけがすわけであります。

世の中に、「人事を尽くして天命を待つ」という言葉がある。まず人事を尽くす。尽くすべきことを尽くして、そうしてその上に天命を待つ、と。これが正しい人間の道である。これは昔から信じられていることです。しかしそれに対して、今、我々精神主義を奉ずる者は、まず、天命を信じ、天命に安んずるということが第一義である。そしてその上でおもむろに人事を尽くしていく。世の中のならわしに従うて、静かに人事を尽くしていくというのが、精神主義の第二義である。つまり精神主義の真諦門は、まずもって天命に安んじる。そして精神主義の俗諦門は、天命に安んじた上で、おもむろに人事を尽くしていく。「人事を尽くして天命を待つ」という言葉を転倒しまして、「天命に安んじて人事を尽す」（『清沢満之全集』第七巻、法藏館、七五頁）と清沢先生は言っておられる。まず天命を待った上で、初めて人事を尽くすことができるというわけである。天命に安んじることなくして、人事を尽くすということは、事実上行い得ざることである。これは清沢先生の「我が信念」をよく読んでみれば、よくわかってくると思うのであります。

このようなことを念頭に置いて、精神主義と運命論との関係、換言するならば、阿弥陀仏の他力本願を信ずることと、いわゆる運命論と、一体どのような関係をもっているのであるかということを考えていく。一方で他力本願を信ずるとは、運命論者でなかろうかという非難がある。それにどのように応えていくべきなのか、ということを、近くは清沢先生の教え、遠くは我が浄土真宗の開山、親鸞聖人の教えを念じながら考え、しばらく皆さまのご清聴をけがすわけでございます。

十

自己とは他なし、絶対無限の妙用に乗託して任運に法爾に、此の現前の境遇に落在せるもの、即ち是なり。只だ夫れ絶対無限に乗託す。故に死生の事、亦た憂ふるに足らず。死生尚ほ且つ憂ふるに足らず、如何に況んや之より而下なる事項に於いてをや。追放可なり。獄牢甘んずべし。誹謗擯斥許多の凌辱豈に意に介すべきものあらんや。我等は寧ろ、只管絶対無限の我等に賦与せるものを楽しまんかな。

（『清沢満之全集』第六巻、法藏館、四九頁）

「絶対他力の大道」の元の文章になる『臘扇記』においては、「自己とは何ぞや」という一文があります。自分自身とは何であるか。この自己の問題は、すなわち自覚の問題であります。

それから「絶対他力の大道」を読んでいくうちに、「無限他力、何れの処にかある」(同前、五一頁)と、法の問題が出てくるのですが、まずは「自己とは何ぞや」という機の問題から始まっている。自己とは何であるか。「他なし」。自己とは他に求めるわけのものではない。自己自身でありましょう。自己自身が自己自身を反省していく。反省とはすなわち直観である。自分自身にあっては、反省と直観が一つである。このようなことを清沢先生が述べておられます。

「自己とは他なし、絶対無限の妙用に乗託して」という文章には如来という言葉が使われておらず、如来を絶対無限と表現しています。「絶対無限の妙用」とは、絶対無限の不可思議の働きであり、それはつまり回向の働きである。本願力回向、すなわち本願力の回向の働き。それを「絶対無限の妙用」と清沢先生は言われるのであります。

すなわち、「絶対無限の妙用に乗託して」とは、因位の本願力と果上の自在神力の、すなわち因位果上の不可思議の妙用に乗託して、ということです。それは、不可思議の妙用に自分の身体も心も一つになって乗託していく。乗託とは帰命を表している。帰命とは、帰せよとの如来の命令であり、あるいは如来の勅令に信順せよということです。すなわち乗託するということは、信順するということであります。

十一

そして続けて、「任運に法爾に」とあります。「任運に法爾に」とは、私の勝手なはからいを交えざることでしょう。つまり「任運に法爾に」とは、雑行雑修の自力のはからいを棄てることを言うものでしょう。

「此の現前の境遇に落在せるもの」。この現前の境遇に静かに落ち着いている。「落在せる」とは、どこかから落ち来たったもの。落ちて、その落ちたところに存在している。

現前の与えられた境遇とありますが、何を与えられるかということは、私たちの方から彼の此のと言うことはできません。全く絶対的である。そこまで落ち来たったものが自己である。そう清沢先生は言っておられます。それに続いて、「只だ夫れ絶対無限に乗託す」とあります。これはすでに絶対無限の妙用に乗託したということであり、それは信心決定したということであります。そして、「故に死生の事、亦た憂ふるに足らず」と、ここで死生が問題とされています。生死の問題は人生における一大事の問題でありましょう。この一大事の死生の問題であっても、なおかつ憂うるに足らない。死生の一大事であっても、この絶対無限という本願力に乗託している限りは、何も憂うる心配がない。

そして清沢先生は、「如何に況んや之より而下なる事項に於いてをや。追放可なり。獄牢甘んずべし」と続けられます。「追放可なり。獄牢甘んずべし」という、その他諸々の事件などは、何も一々挙げるに足らないことである。我らは慎んで絶対無限の我らに賦与せるものを楽しもうと、清沢先生は「絶対他力の大道」の第一段を結んでおられます。

十二

これらを静かに読みますと、精神主義、すなわちこの正しい仏教の信心とは、いわゆる天命とか運命に楯突くものではありません。いわゆる運命論者とは、何とかして運命に対立・対抗しているのでしょう。けれどもいくら対立・対抗しても、所詮は及ばない。所詮は及ばないから、やむを得ず泣き寝入りする。これが運命論というものです。

ところが「絶対他力の大道」の文章を読むと、我は絶対無限に乗託し、乗託した限りは、何も恐るるところもなく、また心配するところもない。我らは安んじて絶対他力の我らに賦与せるものを楽しもうじゃないか、とある。つまり楽天主義なのです。運命論者は悲観しています。何とかして運命を逃れようともがきます。いかにもがいても、もがけばもがくほど、悲観していく。ちょうど例えるならば、クモの巣にひっかかった虫のようなものです。クモが巣を張っているところに、いろいろな虫が止まる。止まると離れることができない。離れようともがけばもがくほど、どうすることもならない。そしてついに死んでしまって、クモの餌食となるというのが運命論というものである。

ところが、精神主義者、すなわち絶対他力の信念を持つ者は、初めから運命に随順している。自分の方から運命に随順しようと自覚しているのです。ですから、初めから逃げることによって自由を得ようというのが運命論、運命論者であるが、今、この絶対他力の信仰者は、運命に安んじて、そこに自分の命を捧げているのである。

天命と運命とは、文字の講釈をすれば多少違うかもしれませんが、大体から言えば同じ意味を持っているとしても、差し支えないと思うのであります。

それで、絶対他力の信者とは、初めから自分の運命一切を如来に託しておるのである。如来を信じ、自分の運命を如来に託しておる。如来と運命をともにするという自覚を持っているのであります。

だからして結局は、如来を信ずるという限りは、もう一切を如来におまかせした。「如来に一切を託しましたから、如来のよきにはからわせたまえ。私は何も考えておりません。一切は如来におまかせしたのである」ということです。

私たちが一文不知の者であるならば、如来を信ずるというときには、ただ単に如来を信ずるだけでなしに、善知識の教えを信じるということがあります。『歎異抄』でいえば、親鸞聖人は師匠の法然上人を信じられた。

親鸞におきては、ただ念仏して、弥陀にたすけられまいらすべしと、よきひとのおおせをかぶりて、信ずるほかに別の子細なきなり。（『真宗聖典』六二七頁）

「念仏して」とは、行に就いて信を立てるということであり、「よきひとのおおせをかぶりて」とは、人に就いて信を立てるということである。行に就いて信を立て、また人に就いて信を立てる。そして法然上人を信じて、法然上人を通じて、そして阿弥陀如来の本願に信順した限りは、法然上人にだまされても何の後悔もないのであると、法然上人に対し

十三

て絶対信順をしておるわけであります。

清沢先生は、「我が信念」において、「なぜ自分は如来を信ずるのか」「如来を信ずるとはどういうことなのか」「如来を信ずるとどういう効能があるか」という三つの問題を提示しておられますが、まず「如来を信ずるとどういう効能があるか」ということを述べておられます。如来の慈悲の本願によって、如来の助けを得る。これが如来を信ずるところの効能であると、極めて簡単明瞭に、清沢先生は説いておられます。

また、その状態を清沢先生が述べておられるのを読んでみると、如来を信ずるというと、信心が自分の心いっぱいに広がって、もう自分の心全部が信心でいっぱいになる。そうすると妄念・妄想とか、疑心自力が起こってくる余地がない。こう言われています。

それから、なぜ阿弥陀如来を信ずるのかというと、如来を信ずることによって、自分は相対有限であるということを知らせてもらい、相対有限に満足するからである。もし如来を信じないと、自分の力でどういう力を持っているかが、人間にはわかりません。そうすると人間は邪見を起こす。どのような邪見を起こすかわかりません。けれど如来を信ずることによって、自分は相対有限を知り、相対有限に、甘んじ、安んずることができる。

十四

そして自分は、触光柔軟《そっこうにゅうなん》の利益を得る。触光柔軟という言葉は、「我が信念」にはないのですが、清沢先生の「我が信念」を解釈していけば、先生の信念の内容は、触光柔軟ということになるのでないかと思います。触光柔軟というのは、如来の摂取の光明に触れることによって身心柔軟、すなわち、身も心も素直になるということです。

したがいまして、「心ひろく体ゆたかなり」であって、このことを身心柔軟というのでありますす。自分の信頼すべき仏が見つからないと、何かのことについて自分の心がいら立って、八つ当たりをし、しまいに自分が自分で苦しむということになる。結局、自分が如来を信ずることによって、如来は自分の知恵の極まりであると知る。だから知恵の極まりの如来を信ずれば、私たちは相対有限の愚かな者であるというところに、安心して立つことができる。静かに安心する場があるわけである。だから他力の信心の人は、むやみに人と争うたりしません。自分が自覚して、何でも人に負けていけるのです。

如来の絶対他力に乗託して、現前の境遇に自分の安住の場所を見出した。そこには何の不足もないし、不平もない。だから与えられた境遇、環境に甘んじて安んずることができる。まず天命に安んずる。そして天命に安んじて、おもむろに人事問題について解釈していくわけであります。人事問題は人生の第二義であるから、急いで解決しなければならない、というわけではない。だから、おもむろに解決していけばいいのであるし、別に解決する必要はないことになるわけでないが、また一つ二つ解決すれば、後はもう自然に解決されるように思うのであります。

つまり、これは阿弥陀仏の本願の中の、第三十三願である触光柔軟の願の成就である。阿弥陀如来の大悲の光に触れることによって、身も心も柔軟になり、だから自分に不平も不満もない。人がどのような態度をとって自分に迫ってきても、対抗したり反抗したりすることを考える必要がない。人が自分を押してきたならば、静かに押されていけばいい。人が押したら押されればいいのである。人が押してきたからといって、負けるもんかと、また押し返してやる必要はないのであります。これを柔軟心という。

人が押してきたらば、押されていけばいい。それを押し返せば、さらに人は二倍の力をもって押してくる。そうすると、今度は二倍の力をもって押し返さなければならない。こうなってくると果てしないことになる。だから人が自分を押してきたならば、自分は押されていればいい。それが柔軟です。

人間の身体にも、柔軟の身体というものがありますね。相撲とりにしましても、大鵬という力士の身体は、非常にしなやかで柔軟である。柔軟であるから、人が押してくれば押されていく。押されたからといって、人を押し返してやろう、何、押されるものか、というのでなしに、押すなら押してこい、と押されて、しかもおもむろに勝を制するという方法があるのだと思うのであります。第三十三願がその触光柔軟の願。光に触れて、阿弥陀如来の摂取の御心の光に触れて身も心も柔軟になり、心が素直になる。

法然上人のお顔を見ると、穏やかな平和なお顔をしていなさる。『大経』を読んでみると、阿弥陀如来の因位法蔵菩薩のご修行中のお姿、心の姿が、いろいろな言葉でもって表されております。その言葉の中に、「和顔愛語」（『真宗聖典』二七頁）という言葉がある。和顔愛語がすなわち、触光柔軟の姿。法蔵菩薩は触光柔軟のお方である。このように申し上げることができると思います。

和顔愛語という文字を、よく私は人様に書いてあげますと、女の方がたいへんに喜ばれますが、別に和顔愛語は女性だけではありません。男性・女性を通じて、和顔愛語ということは、非常に尊いことであります。法蔵菩薩の心の姿を、和顔愛語という言葉で経文に書いてあるのです。本当に平和な心と身体。身も心も平和である。これが和顔愛語ということであると思うのであります。

それで今回、運命論と言いましたが、運命論者の心は平和でないのでしょう。身も心も平和でない。不平不満があるのだが、仕方なく我慢しておる。我慢して、勝つ見込みがないから、仕方なしに負けている。運命には敵わないと、形は運命に従うているようだけれども、本当は不平満々としているのが運命論者であろう。運命に負かされているのが、運命論者であります。

十五

ところが今、阿弥陀如来に信順していくと、どのような環境があっても、そのあらゆる環境は仏から与えて下さったものである、というように、どのような環境に対しても、それに反抗したり、あるいは逃げようとしたりしない。回避したり反抗したりせずに、それに喜んで随順していく。それが清沢先生の精神主義であり、絶対他力の大道でございます。

だからして我らは、絶対他力の我らに賦与せるものを、環境がどのようなものであっても楽しんでいこう、と。迫害されれば迫害されるほど、それに従うていく。それに反抗しない。絶対無限がどのような環境を私たちに与えたもうても、我々はそれを楽しんで受けていく。それが清沢先生の、「我等は寧ろ、只管絶対無限の我等に賦与せるものを楽しまんかな」という心境ではないかと思うのです。

そして、その絶対無限はどこにあるのか。絶対無限は、私に順境とか逆境などを与える。その順境・逆境に、すなわち絶対無限があるわけである。そこに如来がましますものである。そういうように述べておられるのであります。

未来のことは、私は今、ここに言うことはできない。我々は現在においてすでに、如来に救われておる。だからもう私たちは、それで満足しておるのである。そのように「我が信念」には書いてありまして、未来のことは別に自分はここに言うことはできない、と言って避けておられるようであります。

それはどういうわけであるかと申しますと、清沢先生の言葉に、

生のみが我等にあらず。死も亦た我等なり。我等は生死を並有するものなり。

（「絶対他力の大道」『清沢満之全集』第六巻、法藏館、五〇頁）

と、あります。だから生のみが我らでない。死もまた我らである。そうすればすなわち、

現在だけが我らでなくて、未来もまた我らである。人生というものは現在だけでなく、未来もある。ただ、「我が信念」では未来について言及することはしばらく避けて、現在のことだけについて記されているのであります。未来のことは書いてないけれども、未来を否定するわけではないのでありましょう。そういうようなことに関しては、孔子さまなどは、

未だ生を知らず、焉ぞ死を知らんと。

（「先進第十一」『論語』『新釈漢文体系』第一巻、明治書院、二三六頁）

と仰っています。孔子さまの態度と清沢先生の態度は、一致しているようにも思うのでありますけれども儒教は死のことを言わないのに対して、仏教は生だけを語るものではなくて、やはり死をも語るものであるという違いはあります。

人間以外の生物は、生だけしか知らない。人間の人間たる所以は、生とともにまた死をも知るということであろうと思うのであります。死の問題というのは、人生において非常に大切なことであります。清沢先生は、主に青年を対象にして話をしておられるから、直接死の問題はあまり話をしておられませんが、ご自身はやはり、死の問題に直面しておられるわけであります。

十六

これまでは、いわゆる清沢先生の教えである精神主義と運命論との違いについて話させていただきました。精神主義は一般の言葉で言えば「アキラメ主義」であり、何でもあきらめていくことだ、とこういう非難を受けていたのであります。それに対し先生は、あきらめるとはどういうことであるか、それは明らかにするということである。自分のことに当たって、自己を決定していく。決定するときによく筋道を考えて、明らかにして、間違いのない道を選んでいく。それがすなわち、あきらめるということである、と教えて下さったのであります。

あきらめるという言葉は一般的に使われてくる中で、本来の意味を失ってしまった。何でも言葉とはそうであって、大概の言葉は本来の意味を失って、全く違った意味を表すようになる。例えば往生という言葉でも、一般的には、「あの男もとうとう往生した」というように、「行き詰まった」という意味で使われています。しかし、往生という言葉は本来、「全く前途に行き詰まりがない」という意味です。『大経』には、往生について、必ず超絶して去ることを得て、安養国に往生せよ。横に五悪趣を截りて、悪趣自然に閉じん。道に昇ること窮極なし。往き易くして人なし。

（『真宗聖典』五七頁）

と説かれています。「道に昇ること窮極なし」とは、大般涅槃を求めて進んでいく道には、それをさまたげるものは一つもない、まっすぐの一筋道である、ということであります。したがって往生の道とは、無碍の大道である。このように説かれています。しかし、「往き易くして人なし」とも説かれているのは、往き易いのだが往く人がいないということであり、障りのない大きな道があるのだけれども、世の中の多くの人はそういう道を歩かないで、曲がりくねっている小路を選んで歩いて、そしてあちらにもこちらにも行き詰まって、困っている、ということがあるからです。

話を元に戻せば、あきらめという言葉も本来の意味が失われ、間違った意味に使われている一つの例であると申したわけです。「精神主義は消極主義である」とか、「精神主義は内観主義である」ということが、間違った意味でのあきらめとしてとらえられてしまう。しかし内観主義とは、外を見ずして自分みずからを見つめていく。精神主義はただ、自己に満足するものである。自分みずから満足するものが精神主義である。自己に満足しないまま、満足を外に求めていくのでなくて、満足を自分の中に求めて外に求めないのが精神主義なので、だからして内観主義であると、清沢先生は教えられます。

十七

仏教には菩薩の六波羅蜜《ろくはらみつ》の行というものがありますが、この中の第三に忍辱の行があります。忍辱とは耐え忍ぶ行である。忍という字も辱という字も耐え忍ぶという字です。いろいろ欲望があるが、欲望は極まるところを知らない。それをじっと踏み堪《こた》えていく。これが忍辱の行でありましょう。

それで忍辱の次が精進の行です。内に忍辱あれば、外に向かって精進して、無碍自在に進んで働くことができる。それが精進の行です。精進は積極的である。忍辱は消極的である。真に積極的に働こうと思うならば、まず消極的に自分自身を静かに見つめるということが大切である。

これは、浄土真宗の二種深信に当たるのでしょう。忍辱は機の深信であり、精進は法の深信であろう。機の深信・法の深信は忍辱・精進である。内に自らを見つめ、自分について間違いのないようにしていくのが機の深信であり、忍辱の行に当たる。そして法の深信は精進の行に当たる。

清沢先生は、たいへんに『歎異抄』の教えを尊んでおられました。清沢先生は皆さんもよくご承知でしょうが、どうも仏教の教えがよくわからなかった。仏教を実践するに当たって、実践の道としてどうもよくわからない。このことを清沢先生は、長い間たいへんに煩悶されたのです。

清沢先生の一番の親友は、沢柳政太郎という方です。私も沢柳先生のご講演を聞いたことがありますが、清沢先生は、親友の沢柳先生を選んで、大谷派の教育顧問という位置に就いてもらった。宗門には今までまとまった教育制度がなかった。そこで沢柳先生によって宗門の新しい教育制度を作ってもらいたい、とお願いしたのです。ところが本山は、沢柳は清沢満之が選定したんだというところから、結局、沢柳先生をすぐ解職します。その沢柳先生は、「諸君が慕うて尊敬しておるところの徳永満之（当時はまだ清沢と言わないで、徳永の姓を名乗っておられました）――徳永さんは、ずっと前から信仰を求めて、信仰を得たいとたいへん煩悶しておられるが、今日といえどもその信仰問題が解決できない。そして苦しんでおられる」と話されました。

そのうち白川党運動といって、宗門改革運動が始まりました。これも、清沢先生が発起したのでなく、周囲のお友達やいろいろな方々が、どうしても清沢先生に立ち上がってもらわねばならない、と清沢先生を要請され、清沢先生は自分を犠牲にして立ち上がり、改革運動を実行されたのでしょう。けれどもそれも失敗した。それで、人物をつくらなければならないと考えられて、それからはもっぱら、精神主義を唱えられたわけであります。

精神主義というのは、機の深信を立場にしている。真宗の教えの中で、善導大師や親鸞聖人が教えて下さるところの二種深信の法の深信のためには、機の深信が大切である。このような立場に立って、精神主義を唱えられた。

清沢先生は若い人に伝道や布教をしてはならないと、やかましく教えておられます。皆さんもご承知の通り、清沢門下で有名な暁烏敏先生、この方は随分優れた伝道者であられました。そうではありますが、清沢先生は始終、「布教伝道等に専注してはならん。やはり精神主義で、自らをかえりみて、自分の魂を磨け」と言われていた。

十八

先ほど、清沢先生の最後の教訓である、「我が信念」の最後に言われている、「死生命あり、富貴天にあり」との語についてお話ししました。それに続いてここからは、清沢先生が、「我が信念」の冒頭から、如来とはどういう方か、と述べていることについてお話しさせていただきたいと思います。

それにつきまして、まず「信念」ということが大切である。信念と如来とは深い関係がある。この信念と如来とは要するに一つのことだ、ということが「我が信念」の冒頭に書いてあります。そういうわけで、如来を語るには、まずもって信念が大事だ、ということで信念ということを話されます。

信念の「信」も「念」も一つのことでありましょう。真宗では信心や憶念と言いますから、そういうことも先生は念頭に置いて話しておられるのであろうと思います。信念とはどういうものか。どういうことをするのが信念か。信念とは、やはり心の働きでありますから、どういうように心持ちを統一していくのが信念であるか、というようなことであると思います。

その次に、我々が信念を得たらば、どういう効能があるか。そういう非常に通俗の言葉を使って話をしておられる。文章を見ると、一番先に効能について話しておられます。つまり、如来を信ずるということ、どういう効能があるかについて、最初に話しておられる。

その効能とは、「救済」という効能である。如来を信ずれば、自分が救済される、と。救済とは信仰の効能である、と極めて通俗的な言葉を使って話しておられる。

それで、信心（信念）にはどういう効能があるかといえば、信心が自分の心全体にまでなる。つまり仏の本願という仏の心が、自分の心全体を占領してしまう。すると我々の妄念・妄想が働く場所、余地がない。そういう言葉で文章に表現しておられます。

やはり大切なのが機の深信です。自分を正しく間違いなく知る。自己を見つめていく。清沢先生がよく読んでおられた『歎異抄』の第十九条には、

聖人のつねのおおせには、「弥陀の五劫思惟の願をよくよく案ずれば、ひとえに親鸞一人がためなりけり。されば、そくばくの業をもちける身にてありけるを、たすけんとおぼしめしたちける本願のかたじけなさよ」と御述懐そうらいしことを

（『真宗聖典』六四〇頁）

と、聖人の常の言葉が述懐としてあります。聖人はいつでも独り言のように仰り、また人と対していても、独り言のように話をなさるような態度であったのでしょう。常のお言葉というから、誰もいないときに独り言をしておられた。その言葉を、『歎異抄』を作った人が、「つねのおおせ」として、自分と話している間でも独り言のように仰って、いつも

それを聞かされるものだから覚えてしまい、それを書きつけたものでありましょう。
しかし、『歎異抄』はそれだけで終わらずに、それを受けて、「いままた案ずるに」として、善導大師の機の深信の文言を引かれます。

自身はこれ現に罪悪生死の凡夫、曠劫よりこのかた、つねにしずみ、つねに流転して、出離の縁あることなき身としれ （同前）

ここでの「しれ」とは自覚せよということ。これは自力を棄てよとか、己を忘れよとも言うし、いろいろな表現がある。

至心信楽己れを忘れて、無行不成の願海に帰す。

（「宗教的道徳（俗諦）と普通道徳との交渉」『清沢満之全集』第六巻、法藏館、二二〇頁）

これは清沢先生の言葉ですが、元は覚如上人の言葉であります。とにかく己を忘れるということについては、ただ忘れるということはありません。忘れよと言っても、忘れられないものでしょう。だから一切を絶対他力にまかせるということがあるのです。自力を棄てよ、忘れよ、と言っても、忘れようと思っても忘れることのできない、棄てようと思っても棄てることのできない、大事な自分でありましょう。それを棄てよ、と。それを棄てて、絶対他力の如来をたのむ。しかして絶対他力の如来をたのまずば、自力を棄てることはできないのです。

十九

「絶対他力の大道」という文章を読んでみると、「只だ夫れ絶対無限に乗託す」とあります。乗託とは帰命でしょう。一切を如来の自在神力に託していく。一切に自分のはからいを用いない、ということでありましょう。

故に死生の事、亦た憂ふるに足らず。死生尚ほ且つ憂ふるに足らず、如何に況んや之より而下なる事項に於いてをや。追放可なり。獄牢甘んずべし。

(『清沢満之全集』第六巻、法藏館、四九頁)

いろいろな例を挙げて、一切を如来に託していくのだ、ということを示しておられます。私たちの与えられている環境は、すべて如来が与えたまうものである。かようにしてどのようであろうとも忍耐する。六波羅蜜の行で言えば、忍辱の行。清沢先生の言葉で言えば、服従していく。清沢先生は「自由と服従との双運」という文章を書いておられます。自由と服従とは深い関係をもっていることを述べられた文章です。世の中の人は、ただ自由だけを叫んでいる。そして服従を拒絶しておる。本当は絶対服従。如来の与えたもうた環境に、絶対に服従する。絶対に随順することによって、私たちは与えられた環境に絶対に自由となり、感謝することができる。このように文章には書いてある。

それから精神主義は、完全円満なる自由主義だとも書いてあります。では、どうして完全円満な自由が得られるのか。それはやはり服従ということ。私たちはあらゆる環境、どのような環境がきても、すべて如来が与えて下されたもの。だから環境のところに如来がおられる。

いい環境であろうが悪い環境であろうが、すべて如来が与えたもうたものであるから、その与えられた環境のところに仏がいらっしゃる。仏は別に遠くにおられるのではない。だからどんな逆境であろうとも、その逆境のように見える環境は、如来の与えて下さったものである。

これは自分自身に与えられたものだから、人に教えるものでなくして、自分自身がこれを感謝して受ける。自分自身が身をもって人に示すのでありましょう。つまり親鸞聖人のご一生は、その通りであったに違いない。清沢先生は、親鸞聖人のご苦労こそ、自分の何千倍も何万倍も艱難《かんなん》苦労なされたのであろうと思われ、さらに、そのときの親鸞聖人の心境は、どういうものであったろうか、と清沢先生は自分で自分に教え、自分で自分を励まし、つまり忍辱を行じられた。

忍辱とは、顔をしかめて忍耐するのではないのでありましょう。顔をしかめるのではなくて、ありがたく感謝していくということでしょう。忍辱の忍を仏教の学問では、「認可決定《けつじょう》」と解釈しておるのであります。

これは智慧であります。慈悲に対する智慧。だから清沢先生が、あきらめとは自分の智慧の眼を開いて、ものの筋道を明らかにしていく、というように解説しておられるのです。忍は認可決定である。私たちは信心の智慧という。これは認可決定する智慧でありましょう。自分に与えられた環境について、如来賦与という絶対の意味を持つと認可決定することが大切だ、ということであります。

二十

機の深信が、忍辱の行に当たる。法の深信というのは精進の行に当たる。ですから精進は積極的であります。我々は初めから積極的なんて考えないで、消極的なところに自分の据わりを置くと、自然にそれは積極的な方向を指向することができる。初めから積極的などということになると、壊れてしまう。だから、間違いない話はきちんと消極のところで決定して、その決定があれば、おのずから積極的の効果が現れてくる。それは、『歎異抄』第十九条の、

　されば、そくばくの業をもちける身にてありけるを、たすけんとおぼしめしたちける本願のかたじけなさよ　（『真宗聖典』六四〇頁）

という文によく表されている。ここでの「おぼしめしたちける」とは思い立つということであり、阿弥陀如来因位法蔵菩薩が「そくばくの業」を助けようと、初めて思い立ったということでしょう。この思い立つという言葉は、『歎異抄』を見ますと初めのところに、

　弥陀の誓願不思議にたすけられまいらせて、往生をばとぐるなりと信じて念仏もうさんとおもいたつこころのおこるとき　（同前、六二六頁）

とある、「念仏もうさんとおもいたつ」ということです。この「おもいたつ」というのは、至心・信楽・欲生の三信の中では、欲生を表す。欲生我国が思い立つということであろうと思うのであります。欲生の欲という字は、我国に生まれんと欲《おも》えということで、欲えとは、「思い立て」ということである。欲という字は「思い立つ」という意味がある。この

ように解釈されるのでしょう。これはつまり自覚の行。自覚は一つの行となって働いてくる。それを欲生我国と言う、と考えることができる。

『歎異抄』第十九条を読んでいくと、「いままた案ずるに」とある。つまり、聖人のお言葉では自信だけしかない。この自信は、要するに機の深信である。法の深信を包んでおるところの機の深信である。だから善導大師の機の深信のお言葉を引いてある。

いままた案ずるに、善導の、「自身はこれ現に罪悪生死の凡夫（中略）されば、かたじけなく、わが御身にひきかけて、（同前、六四〇頁）

聖人は常に何もかも、我が御身に引きかけて、後は何一つ我々に「ああせい、こうせい」と仰らない。聖人はご自身の、どこまでも自分だけでもって、自信だけで教人信というようなことはなさらない。

そして私たちが自覚していくように、ご自身が自覚の手本を示して、皆が聖人のお姿を見て、自分たちが恥じ入ってしまって、各自各自が自覚していく。一人が自覚すれば皆が自覚していく。師匠が自覚すれば、弟子がまた自覚していく。

何も教人信など、自信と別にあるわけでない。要するに、自信がおのずから教人信の仕事をするのである。

そのようなことで、要するに宗教は人に教えるものではなくて、自分自身が自覚していく。自分自身が眼を開いていくのである。自信の他に教人信なし、こういうものである。年寄りがしゃべるのでありますし、歯も自分の歯でない。総入れ歯みたいなものですので、お聞き苦しかったと思いますが、これで講話を終わらせていただきます。

Ⅲ 〔付論〕近代真宗教学の伝統
——清沢満之・曽我量深・松原祐善——

水島見一

一 近代真宗教学の伝統

近代真宗教学の伝統は、清沢満之先生が生涯を擲って明らかにされた「自己の信念の確立」に一貫されていると言えます。清沢先生は、真宗教学の近代化を願って真宗大学を創立されましたが、その「真宗大学開校の辞」で次のような式辞を述べておられます。

我々が信奉する本願他力の宗義に基きまして我々に於て最大事件なる自己の信念の確立の上に其信仰を他に伝へる即ち自信教人信の誠を尽すべき人物を養成するのが本学

の特質であります

（『清沢満之全集』第七巻、岩波書店、三六四頁）

ここで清沢先生は、真宗教学の真実義が、我々の「最大事件」である「自己の信念の確立」にあることを宣言しておられます。清沢先生は大谷大学の学祖でありますので、現在の大谷大学の学問の中核には「自己の信念の確立」ということがあるのです。人間として生まれた限り、この身において、必ず明らかにしなければならないもの、それなくしては死んでいくことも生きていくこともできないもの、それが「自己の信念」でありまして、そういう課題が我々に投げかけられているのです。それは現在の大谷大学においても同じであります。

第三代学長の佐々木月樵先生は、「大学令」に基づく大谷大学近代化のプロセスにおいて、そのような清沢先生の願いを継承されました。佐々木先生のご尽力によって、清沢先生の願いを込めた「真宗学」という学問が確立され、大谷大学の学問の基盤が確立されたのです。

佐々木先生は、当時すでに著名であられた鈴木大拙先生を教授として迎えられました。さらに京都帝国大学の西田幾多郎先生や朝永三十郎先生などの高名な先生方も、大谷大学で教鞭をとる道を確立されました。そういう意味で、佐々木先生は大谷大学の黄金期を形成されたと言えます。また、鈴木先生にしても西田先生にしても、全員が清沢先生を尊敬しておられます。「大谷大学は清沢満之先生の大学である」、これは曽我量深先生のお言葉ですが、そういう思いが当時の大谷大学を近代化する歩みの中に、確かにありました。

曽我先生は学長時代に、大谷大学を、「清沢満之先生を父とし、南条文雄先生を母とする大学」（「大学の父母—学長就任のことば—」『大谷大学百年史〈資料編〉』大谷大学、五九二頁参照）と言われています。南条先生は、日本で最初の文学博士の贈与を受けた文献学の大家で、明治時代の初期に命がけでイギリスに留学されて、サンスクリット本の『無量寿経』を日本に持ち帰られた方です。曽我先生が言われるように、清沢先生の思想性と南条先生のテキスト批判を学問の基盤とすることは、今日の大谷大学においても不変であります。

このように、鈴木先生を大谷大学に招聘された佐々木先生は、さらに、宗門の学者である金子大榮先生と曽我先生も教授として迎え入れられます。

金子先生は大正五（一九一六）年に大谷大学に着任されましたが、大正八年に岩波書店から出版された『仏教概論』が名著であるとの評価もあり、当時はすでに大家であられました。そして、曽我先生は学生への影響力が絶大な先生でした。その曽我先生が大正十四年に大谷大学に招かれましたが、その翌年にお二人を招いた佐々木先生が亡くなられましたので、それを機に大谷大学は混迷していくことになります。

曽我先生が大谷大学に着任された大正十四年は、松原祐善先生や訓覇信雄先生が入学された年でもありました。松原先生は、特に病弱のご母堂のことやお金の問題を抱えておられましたが、そういう事情の一切を娑婆事として擲って、また中退を覚悟の上で、大谷大学に入学され、そして曽我先生に師事されたのです。松原先生が娑婆の無理を押して大谷大学に入学されたのは、おそらく曽我先生の講義をお聞きしたいという一心からではなかろうかと推察します。

そして大正十五年に佐々木先生が亡くなられたのです。するとたちまち、いわゆる〝曽我・金子異安心問題〟が湧き起こります。思いますに、近代真宗教学史から見ますと、大正十四年という年は一つのエポックであったと言えると思います。それは、清沢先生の伝統が異安心であると指弾された年であり、また清沢先生の精神を継承する曽我先生と、当時は学生であられた松原先生や訓覇先生ら若き求道者との出遇いのあった年でもあったからです。松原先生は後に大谷大学の学長をなされた教学者であられましたし、訓覇先生は同朋会運動を始めるなどの、宗門近代化のリーダーであられました。

清沢先生の教えを受け継がれた第一人者といえば、浩々洞の創設や『精神界』の発刊への尽力などからして、当然、暁烏敏先生です。清沢先生の系譜は、一つは暁烏先生や高光大船先生、藤原鉄乗先生らの「生活派」によって継承され、もう一つは「教学派」で、曽我先生や金子先生によって継承されています。

曽我先生は、浩々洞に入られたのが清沢先生ご逝去の三か月前でしたので、浩々洞においては清沢先生の面授はなかったと思います。ですから、浩々洞での立場からしますと、年齢は暁烏先生よりも曽我先生の方が上ですが、暁烏先生の方が兄分にあたります。そのため、実際の年齢からすれば立場は反対なのですが、暁烏先生は曽我先生を「曽我君」と呼び、曽我先生は暁烏先生のことを「暁烏さん」と呼んでおられたそうです。そういうこともありまして、曽我先生は暁烏先生がご存命中は、清沢先生について語ることは、すべて暁烏先生にお任せしておられました。しかし、暁烏先生が亡くなられてからは、「自分が語らねば、誰が語るのだ」ということで、いよいよ曽我先生が清沢先生についてお話しされるようになりました。暁烏先生は清沢先生の教えを信仰という形で受け継ぎ全国に広められ、曽我先生は清沢先生の教えを教学的に深化して、清沢先生の信念の核心を明確にされました。お二人によって、清沢先生の信念は不動のものとなったと言えます。

清沢先生は、ご自分の全人生を擲って、他力信念の確立に励まれました。そしてそれを直接継承されたのが、暁烏先生であり曽我先生であり、佐々木先生でありました。さらに、同じく清沢先生の薫陶を受けられた高光先生は、暁烏先生、曽我先生からも教えを受けられ、それをもって自分の生活を送られたのです。松原先生は、そのような暁烏先生、曽我先生、高光先生から清沢先生の教えを受けられたのだと思います。

そして私事ですが、私はそのような流れを受けておられる松原先生から、懇切丁寧なお導きをいただきましたことは、またそういうご縁の中に生まれさせていただきましたことは、この上もない幸せだと思っております。私は松原先生のお姿を通して、面授のない清沢先生や曽我先生にお遇いできているのです。そういう喜びを、今ひしひしと感じております。

また、私は祖父が高光先生でありますので、高光先生にも導かれております。このことはひとえに、高光先生の娘であった母のお陰であります。私にとりましては、清沢先生、曽我先生、高光先生、松原先生、そして母のお陰で、清沢先生が悪戦苦闘されました他力信念の確立という伝統の中に、身を置かせていただいているのであります。本日私が、ここに曽我先生の近代仏教において果たされた意義についてお話しさせていただくのも、そういう因縁が和合してのことであります。

二　宗教心の共鳴

昭和三十年代の大谷派は非常に活発でありました。具体的には、昭和三十一年には「宗門白書」が出され、昭和三十六年には宗祖親鸞聖人七百回御遠忌が勤まり、そして昭和三十七年には同朋会運動が始められました。そのように昭和三十年代には、大谷派宗門全体が、改革に向けて大きく動き始めた年でありました。もちろん改革の原動力は、清沢先生の信念でありました。

当時、曽我先生は、明治時代に清沢先生が「真宗再興」を唱えておられていたことを強く主張されていました。清沢先生ご自身は結核の身であられました。結核の診断を受けたのは明治二十七年、先生三十二歳のときであります。以来清沢先生は、自分の「死」というものと真正面から向き合っていかれるのです。そしてそういう中で、明治二十九年に教団改革運動を断行されたのです。

しかしその運動も明治三十一年に頓挫し、それを機に改革の方向性を一転して、他力信念の確立に邁進されることになりました。明治三十四年に真宗大学を開校されましたが、これはそういう流れの中での出来事であります。また開校の同年に浩々洞を創設され『精神界』を発刊されたのも、同じような流れの中からです。したがって、真宗大学も浩々洞も信念の確立を目的とする僧伽としたい、ここに教団改革運動が頓挫してからの清沢先生の願いがあったように思います。そしてその二年後に清沢先生は逝去されますが、曽我先生はそういう清沢先生の志願を、昭和三十年代という時代状況を鑑みて、「清沢先生は真宗再興をなされた」(「分水嶺の本願」『曽我量深選集』第十一巻、彌生書房、二五二〜二五三頁参照)と言われるのです。

清沢先生の生涯を概観すれば、まずは帝国大学での研究生活、次いで京都府尋常中学校校長、またミニマム・ポッシブルの生活、結核、教団改革運動の頓座、そして、他力信念の確立へと続いていきます。それから真宗大学の開校・浩々洞の創立、精神主義の公開を経て、明治三十六(一九〇三)年に、四十歳の若さで逝去されます。このような清沢先生の一生を突き動かしたものが、清沢満之という存在の奥底でうごめく宗教心であったと言えます。清沢先生ご自身も、宗教心について次のように言われています。

パンの為、職責の為、人道の為、国家の為、富国強兵の為に、功名栄華の為に宗教あるにはあらざるなり。人心の至奥より出づる至盛の要求の為に宗教あるなり。宗教を求むべし、宗教は求むる所なし。

（「御進講覚書」『清沢満之全集』第七巻、岩波書店、一八八頁）

人間の日常意識のその奥底を突き破り、私という人間の奥深くにマグマのように胎動しているもの、我々が生まれた限り何としても本当のことを明らかにしたいという要求、それが宗教心です。この私を生死せしめる力、それを真宗では「本願」や「如来」などと言いますが、そういうものを明らかにしたいという純粋な意欲のことです。宗教心は、人間の幸福だとか不幸だとか、真の人に成るとか成らないとか、生命を尊ぶとか、より良い生き方をするとか、そういう人間的・娑婆的価値観をすべて超えた真理を求める心です。娑婆のいかなる変化にもかかわらず、いつの時代のどこにおいても、真理を求めずにはおれないという要求です。それが求道心であり、その求道心が仏教の伝統をずっと支えてきているのです。そのように清沢先生を突き動かした宗教心が、曽我先生の宗教心を突き動かし、松原先生の宗教心を突き動かしたのであり、そして我々の宗教心をも突き動かしているのです。

曽我先生は、結核や人間関係で煩悶された清沢先生と同じように、若いときからご自分の宿業因縁にご苦労されていました。例えば、大正五年には実母のタツさんが亡くなられます。その三年後には義母のサカさんが亡くなられ、翌年には実父の量導さん、その二年後には義父である恵南さんが亡くなられます。さらに大正十三年には妻のケイさんの看病のために東洋大学を辞されて越後に帰郷されますが、その翌年にケイさんは亡くなられます。このようにわずか八年の間に、立て続けに極めて近しい親類や最愛の妻との別離を経験されたのです。さらにはご自分の、

二十年来脳の病に苦められ、心意常に散乱妄動し、日々聖教読誦を課業としながら、さらにその意義が分らず、特に近来浮世の下らぬ問題に迷悶しつゝある

（「地上の救主」『曽我量深選集』第二巻、四〇八頁）

というものも抱えておられました。そのような苦悩を抱えて、曽我先生は清沢先生に聞思し、求道しておられるのです。ですから、曽我先生の教学姿勢というものは、単に学問的に勉強するものでなく、自分の中にある、本当のものをはっきりさせたいという願いに動かされているものです。そういうことで、曽我先生は清沢先生に聞思されるのです。清沢先生の宗教心によって、ご自分の宗教心も動かされたのです。いわゆる宗教心の共鳴、あるいは宿業共感です。近代真宗教学の歴史を顧みれば、清沢先生の宗教心は暁烏先生や高光先生、金子先生、また松原先生や訓覇先生、また安田理深先生などの宗教心と共鳴して

います。そして、清沢先生の宗教心は親鸞の宗教心に共鳴するものであり、その意味で、そういう宗教心の共鳴の歴史は、遡れば法蔵菩薩に淵源するものと言えます。法蔵菩薩に淵源する純粋な宗教心は、清沢満之という近代人を得たことで、明治から昭和にかけて多くの宗教的人格を輩出したと言えます。

三　異安心の台頭

したがって、清沢先生が「人心の至奥より出づる至盛の要求」と言われた宗教心は、親鸞の「生死出ずべきみち」（『恵信尼消息』『真宗聖典』東本願寺出版部、六一六頁）を求めんとする志願に通底し、それが清沢先生、曽我先生の他力信念の確立という営みになっていくのです。他力の救済は法蔵菩薩を自身の中に明らかにするということであり、それが親鸞を経て清沢先生へ、そして曽我先生へと継承されているのです。近代真宗教学の伝統は、法蔵菩薩自証の伝統であります。

先に申したように、曽我先生が大谷大学に着任されましたのは大正十四年ですが、その翌年に佐々木先生が逝去されます。するとたちまち、〝曽我・金子異安心問題〟が勃発します。宗門の当初のターゲットは金子先生でした。大正十四年に出版された金子先生の『浄土の観念』という著書が、異安心と見なされたのです。「観念」とは自覚を意味するということで、『浄土の観念』という題によって、浄土は自覚すべきものである、ということを金子先生は主張されたのです。それが、今まで誰も使わなかった「観念」という言葉で浄土を述べているから異安心である、と指弾されたのです。それによって金子先生は、昭和三年に大谷大学教授を辞められることになり、翌年には僧籍を返上されます。

曽我先生の場合は、大正十五年に出版された『如来表現の範疇としての三心観』が宗義違反とみなされ、昭和五年に大谷大学を追われました。『如来表現の範疇としての三心観』は親鸞の『教行信証』「信巻」に説かれる、「三心一心問答」をもって自覚の構造を解明したものです。それが異安心とされたのは、宗学で言わない「範疇」という言葉を使うということもあったようですが、実際は曽我先生が多くの人の言わないことを言っている、というところにあったようです。曽我先生の場合は、内容よりも曽我量深という人物が持つ学生への影響力が、伝統教学を重んじる方々から警戒されたように思います。晩年、松原先生が当時を振り返って、「あの異安心問題は、曽我先生が目当てでしたね」と言われましたが、伝統教学を重んじる方々からしますと、曽我量深という存在が面倒であったのです。

このようにして清沢先生の系譜である曽我、金子両先生は大谷大学を追われます。ところが戦時下の昭和十六年になると、また大谷大学に呼び戻されることになります。その理由として、一つはまだ大谷大学が真宗大学であった時代に、学監であられた清沢先生を助ける立場である主幹に就いておられた、関根仁応先生が大谷大学の学長に就任されたということもありましたが、もう一つは戦時下の宗門の中で、「時代相応の真宗教学の樹立」ということが問題になったからでもあります。また、訓覇先生の配慮もありまして、お二人共、侍董寮出仕という形で宗門にも復帰され、曽我先生はそれから間もなくして、宗門の学階の最高位である講師に就かれます。侍董寮というのは、お二人を異安心として追放した機関ですが、そこに曽我先生や金子先生が就かれたのです。このことは、宗門の体制が大きく変わったことを意味します。

このようにして大谷大学に復帰されたお二人でしたが、その後お二人は、戦時中から戦後にかけての大学運営を担っていかれます。具体的には、戦時中の昭和十九年には大谷大学に設置された「大谷教学研究所」に入られ、そこで「時代相応の真宗教学」の樹立に力を尽くされます。しかし、それが戦争を後押ししたとみなされたということもあり、戦後、新制大学としての大谷大学再建が始まったときに開かれた「教員適格審査委員会」によって、お二人は「不適格」と見なされます。そういうことで、お二人共、大谷大学を再び後にすることになり、それが解除されたのが昭和二十六年でした。曽我先生は、その十年後の昭和三十六年に大谷大学学長に就任されますが、実に波乱に満ち満ちた教授生活であられたと言えます。

その一方で宗門外では、戦後復興の最中の昭和二十三年に、訓覇先生を中心に真人社が発足します。曽我先生は真人社の精神的・教学的支柱として、真宗教学の真髄を着々と述べていかれます。ですから、実際の宗門の戦後再興は、宗門よりも真人社が担ったと言えます。昭和二十六年、宗門に暁烏内局が発足しますが、それはこのような曽我先生を背景として成立したのです。暁烏内局は、これまで宗門から異安心として排斥されていた清沢先生の伝統にある人物、それも直弟子が内局を形成したということで、実に括目すべき出来事でありました。その勢いで、昭和三十一年には「宗門白書」が出され、そして昭和三十六年の宗祖親鸞聖人七百回御遠忌が勤まり、これは大成功でした。そしてその翌年の昭和三十七年に同朋会運動が始められたのです。「宗門白書」では、当時の宗務総長であった宮谷法含氏によって「清沢教学」というものが表明されましたし、また教化研究所などでは「清沢満之の研究」が盛んでした。同朋会運動も清沢先生の系譜である訓覇先生が始められましたので、そういう意味で昭和三十年代は、清沢満之復活の年代でもありました。

清沢先生の伝統は、宗門の伝統教学からすればいわゆる異安心の伝統です。異安心ですが、しかし我々の心の奥底にある宗教的要求、つまり信念の確立ということが、そこに流れているのです。自らの宗教心が満足するかどうかということは、娑婆世界を超えた、また人間の価値観を超えた真理の発見によるのです。実際、そのような宗教心の満足の前には、宗門とか大谷大学とかの発展などということは吹き飛んでしまうものではないでしょうか。たとえ宗門や大谷大学が滅んでも、滅ばないものが宗門や大谷大学に底流しているのです。それを親鸞や清沢先生は求めたのです。そのように言わなければなりません。

四　自己実現と宿業の大地

近代真宗教学の伝統は、これまで述べてきたように、清沢先生から続いている、揺るぎない他力信念の確立の伝統です。それは人間の根源的欲求を満たすものであり、一切の世の中の動きを超えるものです。世の中が滅んでも絶対に滅ばない真理に、我々は立たなければなりません。

世の中の動きはすべて、「右肩上がり」を目指します。みんな「右肩上がり」の人生を求めているのです。それを我々は発達や進化と言っています。世の中の絶対的な善が発達し進化するということを、我々は疑っておりません。例えばお寺の繁栄ということ一つをとっても、一体何をもって繁栄なのか、という問題があります。門徒の数を増やすことでしょうか。法座や法要で、たくさんの門徒さんが集まることでしょうか。世の中では、多くの人数と多くのお金が繁栄の基準となっていますので、そういう意味で宗門もお寺も大学も、右肩上がりを求めていると言えます。

それに対して、仏教において求めるものは、「右肩上がり」とは正反対でありまして、「右肩下がり」です。「下に下に落ちること」です。世の中では理想を目指して「右肩上がり」を求めます。しかし目指すべき理想には、なかなか手が届きません。理想には手は届かないけれども、手が届いたらこうなるだろうということを語っているのです。例えば、自由・平等が実現したらこのようになるだろうということを語るのですが、しかし、自由と平等は相反する概念ですし、実際には実現できないのではないでしょうか。私の自由は必ず他人の平等を侵すものですし、私の平等は他人の自由を侵害します。このように理想は、現実的には成り立たないのです。

では、仏教は何を教えるのかと言いますと、我々は本来的に「宿業」の世界に存在すべきことを教えるものです。親鸞で言いますと「愚に帰る」ということです。これが仏教です。しかし我々はそれとは反対に生まれたときからの教育で、自然に「自己実現」を目指すという考え方になっているのです。理想を求めて「自己実現」するという考え方が、我々の身に当たり前のように染みついているのです。これを自我と言います。

しかし、仏教は違います。仏教は「自己実現」への方向性に対して自力無効を教えます。つまり、自力無効において、「宿業」の世界が自分の世界であることを教えるということです。この「宿業」の世界に生きるということが、親鸞をはじめ清沢先生を嚆矢とする近代真宗教学へ継承されている伝統です。これが清沢先生の絶対他力の大道であります。

ここで注目すべきは、このような「宿業」を発見するという自覚道を、曽我先生は第二十願の自覚をもって明らかにされたということです。最晩年の松原先生は、曽我先生への知恩を、「分限の自覚」ということに収斂させて述べておられます。「分限の自覚」とは「宿業」の自覚であり、機の深信です。第二十願とは仏智疑惑の自己のことで、これを親鸞で言えば、「浄土真宗に帰すれども　真実の心はありがたし」（『正像末和讃』『真宗聖典』

五〇八頁）という悲歎の叫びです。浄土真宗に帰したからこそ、「真実の心」のありがたいことが知らされてくる。これが「宿業」の自覚です。それに対して「自己実現」は、「浄土真宗に帰」したゆえに「真実の心」となったという、我々のごく自然な、「右肩上がり」の心境です。

五　「自己を弁護せざる人」

さて、曽我先生が清沢先生を、どのようにして「よきひと」として仰がれたかということですが、そのことについて、お二人の出遇いからお話しさせていただこうと思います。曽我先生の学生時代からの課題は、浄土真宗が伝習的安心に埋没してしまっている、というところにあったように思います。当時の門徒さん方は住職方の言われるような、「念仏を称えて極楽浄土に生まれる」ということを信じて疑わないのです。そのため、意味もわからないのに念仏を称えている、という状況であったのです。曽我先生は、「地上の救主」の中で、次のように言われています。

ありのままに白状すれば、法蔵菩薩の御名は私が久しい間、もてあまして居つた所の大なる概念でありました。勿論西方十万億の極楽も分らない。しかし現実世界を極楽と想へない自分は、いやおうなしに西方極楽に屈服せねばならぬ。唯法蔵菩薩と、その五劫思惟の本願と、その兆載永劫の修行とは、信ずることも出来ず、又信ずる義務のなきものと思うて居つたことである。

（『曽我量深選集』第二巻、四〇九頁）

曽我先生は法蔵菩薩を「もてあまして居つた」と言われるのです。そして「西方十万億の極楽」がよくわからなかったとも述べておられます。このことは、理知で洗練された近代人であれば、誰しも懐くことでしょう。したがって当時の浄土真宗は、非理知的で、単なる通俗的宗教でしかなかったのです。松原先生は次のようにおっしゃっています。

明治になってもお寺の住職は、門徒を愚夫愚婦だと騙していました。愚夫愚婦だから何をいってもいいといって、未来往生を説いて願う。花降るお浄土はいいところだと、そこに出かけるのだといって、愚夫愚婦の教えとしてよく騙していたものです。

（「清沢満之先生と曽我量深先生」『他力信心の確立』法藏館、二二六頁）

要するに住職方が、自分でも経験のない目覚めの言葉をもって、いかにも目覚めたかのようにお説教しているところに問題があるのです。そういう状況の中で曽我先生は、清沢先生を通して、自覚ということを求められたのです。しかし曽我先生は、清沢先生のことを「宗教的人格」と称されています。曽我先生からすれば、清沢先生からは自覚ということが伝わってくるが、他の浩々洞の中核メンバーである暁烏先生や多田鼎先生からはそれが感じられなかったのです。それどころか伝習的な信仰の延長で、「念仏を称えたら、どのような罪人でも如来から救ってもらえる、というような恩寵主義を主張しているにすぎないのではないか」と見えたのです。そういうことで曽我先生は、「精神主義」に対する批判を強められます。恩寵的な信仰告白に対して疑問を投げかけられたのです。そのようなわけで、曽我先生は「精神主義」を主導する清沢先生に対して批判をされるのです。それは真正面からの批判なのですが、曽我先生にとりましては、相手を攻撃するための批判というよりも、自分の宗教心が恩寵主義を受け入れられない、納得できないという、そういう求道上からの必死の批判であったわけです。

そのような疑念を懐いたまま、曽我先生は明治三十五年二月に上野精養軒で開催された京浜仏徒の会に参加されます。そして、そこで清沢先生を宗教的信念に生きる求道者の具体相として仰がれることになります。この模様は「自己を弁護せざる人」という文章に詳しく書かれています。「精神主義」に対しては、当時の仏教界からも、「体験主義ではないか」「倫理道徳を破壊するものではないか」などの多くの批判が浴びせられていましたが、それに対して清沢先生は、自己を弁護しないという態度で応えられたのです。頭脳明晰な清沢先生からすれば、あらゆる批判を論破できるはずなのに、それをなされなかったのです。それのみならず、一切の批判を受容して、そして「精神主義」の本質を語られた、それが曽我先生の心を打ったのです。そのときのことを次のように述べておられます。

想へば今を去る八年の前の二月、上野精養軒に於て京浜仏徒の会があつた。当時先生の主義に関して論難甚だ盛であつた。先生則ち一場の食卓演説をなされた。要は「我々が精神主義を唱へて、諸方の高教誡に感謝の至に堪へぬことであるけれども、我々は何等をも主張するのでなく、唯自己の罪悪と無能とを懺悔して、如来の御前にひれふすばかりである、要は慚愧の表白に外ならぬ」との御語であつた。その森厳なる御面容髣髴として忘るゝことが出来ぬ。先生の如き論理的なる頭脳を以てせば如何なる巧妙の弁護も出来たであらう、一言の弁護すらなされぬ所、此正に深く自ら慚愧に堪へざると共に大に恃む所あるが為である。我は已に如来に依りて弁護せられ終りたではない乎。此れ恐くは先生の確信である。私は先生に付て第一に想ひ出すは彼の一事である。私は則ち「自己を弁護せざる人」として先生を忘るゝことが出来ぬのである。

（「自己を弁護せざる人」『曽我量深選集』第二巻、二二八頁）

すべての批判を引き受けて、如来に身を挺している清沢先生のお姿を、曽我先生は仰がれたということです。ここにお二人の出遇いがありました。

そしてその出遇いについて、次のように言われています。

想へば私は慚愧に堪へぬ。私は独り御生前に於て疑謗したのみならず、今も亦疑謗を断じ得ぬのである。私は先月廿二日に浩々洞に行き先生の御筆なる「不生則不死」の文字を以て浅薄なる語として忽ち誇りたことであつた。けれども深く想へば、古来の聖賢の自覚亦此に過ぎぬではない乎。道は邇きに在る。我は一に生を愛執し、何時までも生き得る様に思ひ、死を厭ふものである。此れ一に生を我とし死を我の終りとするものである。かくて生にくゝらるゝものは同時に死に苦しめらるゝものである。先生則ち死を以て亦生と同じく我の一面とし、かくて初めて死生の外に霊存することを信じ給ひた。されば先生の深玄なる信念は何ぞ知らん此平凡なる「不生則不死」なる文字の裡にあらんとは。かくて我は徹頭徹尾疑の子である。悲しむべき極である。けれども深く考ふれば、信ずるものは信に依りて先生を忘れず、疑ふ者は疑に依りて先生を忘れぬことが出来る。疑もつまり先生を憶念する一大善巧に外ならぬのである。想へば疑は無意識の信であり、信は無意識の疑である。われが先生を疑ふは已にその中心に潜在せる信念あるを証するのである。感謝極りなきことであります。

（同前、二二八～二二九頁）

曽我先生にとって清沢先生との出遇いは、「我は徹頭徹尾疑の子である」との自覚に収斂されます。清沢先生によって曽我先生の機の深信が徹底したのです。つまり曽我先生は清沢先生によって、初めて自己の中に巣食っている「仏智疑惑」の自分というものに気付いたのです。「自己を弁護せざる人」として尊敬する清沢先生、その清沢先生の「不生則不死」と書かれている書を見て、それを「浅薄なる語」として切って捨てるような、いくら尊敬した先生であろうとたちまち謗ってしまうような自分自身を発見したのです。「おそるべき私」、そのような機の深信を促すのが「よきひと」なのです。私は「よきひと」をも見下げてしまうような、恐るべき「疑の子」であった、という自覚です。これが曽我先生の求道の原点となります。それは、「疑の子」である自己、すなわち第二十願の仏智疑惑の自己を基盤とする仏道、つまり親鸞が実験された自己の分限を明らかにすることを起点とする仏道です。それを開顕したところに、曽我先生の果たした大きな教学的意義があったのです。

晩年、曽我先生は次のように言われています。

法然上人の教えによって親鸞聖人が真実信心を獲られた時から見惑はなくなったが、思惑はある。自力と他力は全く二つ別のものであろうと、簡単に割り切ることは出来ないものだ。一応、見惑は見道において一瞬に断じ尽くすものであるが、思惑の方は、一つ一つに当たって善知識の教えを思い出し、如来の本願を憶い出して、だんだんに乗り超えて行く。だから、信の一念さえあれば問題ないという大雑把な考え方では、人生の問題を解決することは出来ない。見道の智慧を得たことで、それからさらに一生涯かかって思惑の問題がある。自力無効ということを一々の事実について証明しなければならぬ。二十の願は、修道において思惑の始末をして行く仕事であると考えるなら、私どもは一生涯の間、二十の願が必要であると考えても差し支えないのでなかろうかと思う。

（『曽我量深先生の言葉』大法輪閣、六九頁）

「思惑」とは仏智疑惑です。それは「信心を獲た」というところに起こる迷妄です。つまり、信心を摑んで、仏教をわかったものにしてしまうことです。仏教がわかったら、わかったことを摑んで振りかざすのです。「よきひと」はそういうことを「一つ一つ」教えるのです。ですから曽我先生は、清沢先生のことを一つ一つに当たって思い出し、そして自らを「疑の子」と言われるのです。このように、一生涯、仏智疑惑の一つ一つを教えられつつ如来を憶念するのが、我々の求道の実践だろうと思います。「よきひと」によって「だんだんに乗り超えて行く」というのが求道の実際です。

六　食雪鬼の自覚

明治三十六年に清沢先生は亡くなられます。曽我先生は、東京にあった真宗大学で教鞭をとられていたのですが、明治四十五年九月にその真宗大学の京都移転に伴う廃校が決まりますと、即座に辞任されて郷里越後に帰られます。そして五年後に東洋大学教授として東上されますが、それまでの五年間の曽我先生の沈潜思索は、親鸞の仏道を近代人に公開するためのものであったと言えます。親鸞の苦悩と同様に、絶対に救われない自分を自覚するところにおいて成立するのが浄土真宗ですが、曽我先生においてそれは、「疑の子」である自己との悪戦苦闘であったのです。親鸞で言いますと、三一問答であり、また「化身土巻」の三願転入の実験です。そのような自覚道を、曽我先生は「食雪鬼」の自覚として表明されますが、それが曽我先生の越後時代の思索の賜物です。「食雪鬼」とは「疑の子」の具体的な告白です。その「食雪鬼」と告白された一文を見てみたいと思います。

自分は昨年十月四日にいよ〳〵郷里北越の一野僧となり終りた。我郷土は雪の名所である。自分は時々全く往来杜絶せる原野の中央に、唯一人蒙々たる大吹雪と戦ひつゝ進む所の自己を発見する時、悲絶の感に打たるゝ。自分を顧みれば全身多く雪に包まれ、雪を吸ひ、雪を吹く所の一箇の怪物である。此時我は宗教家たるを忘れ、学生たることを忘れ、国家社会を忘るゝ。而して遂に人間たることも忘るゝ。自分は此時唯一箇の野獣に過ぎぬ。此時は如来も忘れる、祖師も、師友も忘れる。嗚呼自分は従来口には愚痴と云ひ、悪人と云ふと雖ども、心には慥に堂々たる宗教者、一箇深玄の思想家を以て、密に自負しつゝをるものである。口には一肉塊と卑謙しつゝ、心には如来に依りて活きつゝあると自任しつゝあるものである。然るに今大吹雪の中に発見せられたる自己は唯一箇驚くべき物力に過ぎぬ。自分は年三十八歳、始めて、自ら白雪を呼吸する食雪鬼なるに驚いた。嗚呼此食雪鬼、此れ七百年の昔、藤原の貴公子聖光院門跡、吉水の上足たりし我祖の深き実験であつた。浅間敷哉也食雪鬼、我等は久遠の食雪鬼である。崇き哉也食雪鬼の自覚、此自覚は浄土真宗を生んだ、此自覚に入らしめん為に如来の本願修行がある。自分は今にして如来の願行の少分を実験させて貰うた。我は今や現実なる自覚無作の大法林に在るではない乎。

（「食雪鬼、米搗男、新兵」『精神界』第十二巻、第三号）

我々の求道的課題は、曽我先生が言われるような、「如来に依りて活きつゝあると自任しつゝあるもの」という、切っても切っても断ち切れない、根深い我執に初めて出遇うことにあるのです。「自分は仏教がわかったのだ」との自任に基づく仏智疑惑の自分への驚きが、「食雪鬼」の告白です。

「食雪鬼」の自分であるということは、我々の反省くらいでは届かないものです。自分の中に巣食っている、誰にも隠しておきたい、自分でも見たくない恐るべき自分、そういう自分が「食雪鬼」です。我々は簡単に、「私みたいな者は愚痴の人間です」と言うでしょう。また、「私のような悪人はおりません」とも言いますが、そういう自己反省は、やがて「堂々たる宗教者、一箇深玄の思想家」という自負心になるのです。「食雪鬼」とはそれよりも、もっと根深いものです。それを曽我先生は、「今大吹雪の中に発見せられたる自己は唯一箇驚くべき物力に過ぎぬ」と言われるのです。そして、そのような「食雪鬼」の自己について、「崇き哉也食雪鬼の自覚、此自覚は浄土真宗を生んだ」と言われているのです。「食雪鬼」の自覚が浄土真宗を生んだということです。それは親鸞が第二十願の自覚において、「果遂の誓い」を主張されている三願転入と同一の仏道です。そしてそのような仏道が、曽我先生を経て松原先生へと一貫しているのです。「食雪鬼」という恐るべき自己の発見が、浄土真宗の発見であったのです。ここに間違いのない仏道が成立します。如来を摑んだその手を放せば、そこには自ずと如来が満ち満ちているのです。今日の真宗は、そういう「食雪鬼」の自覚を忘れているのではないでしょうか。

七 「我等が久遠の宗教」

曽我先生が、この「食雪鬼」の自覚を『精神界』に発表されたのは、明治四十五年三月でした。そしてその四か月後の七月には、「我等が久遠の宗教」という文章を発表しておられます。そこで次のように、当時の真宗界を批判しておられます。

近来の宗教界には自力無効の叫が到る所盛である。誠に誰か此等の議論に対抗して自力の有効を主張するものがあらうや。（『曽我量深選集』第二巻、三六六頁）

これは今日においても同じではないでしょうか。至るところで自力無効ということは言われていますが、そのほとんどが、自力無効の自覚のない、自力無効の実験を欠くものばかりです。ですから、そのような、絶対的自力無効ということが卑下慢のようにとらえられ、一見、謙虚に見える仏道となっています。しかしそのような仏道は受け身です。それは、「念仏をいただきましょう」とか「課題にさせていただきます」というようなものばかりです。そうではなく、

唯重要なる問題はかゝる議論や主張やでなく、衷心より自力無効の霊覚に達するの方法である。（同前）

と、曽我先生は言われます。自力無効の自覚は、議論や主張や課題にされるようなものでなく、「食雪鬼」という恐るべき自分自身の自覚なのです。「課題にさせていただく」という自分こそが、恐るべき「食雪鬼」の自分なのです。こういうことがはっきりしなければ、親鸞の教えの根幹はわからないのではないでしょうか。ですから、曽我先生は次のように言われます。

而して多くの宗教家が口には自力無効をさけんで、世の倫理修養や学問研究を叫びつゝあるものに冷評をあびせかけつゝあるに拘はらず、かく叫びつゝある所の宗教家自身の現実実行は云何と云はば、やはり自力無効の空議空張のみにして、寧ろ世に超えたる自我主義の実行者に過ぎぬ。否迷妄なる自我主義の沈溺者に外ならぬ。自力無効は徒に世を罵倒する空言であつてはならぬ。我等にして若し真に自己に反省したな

らば自己が久遠劫来自力我執の信者否実行者であるに驚くであらう。（同前）

我々が真に自己を反省すれば、「久遠劫来自力我執の信者否実行者である」ことに驚くであろうと言われるのです。それは「食雪鬼」の自覚と同じです。そのような自覚のない自力無効は、「空議空張」であり「世に超えたる自我主義の実行者」の主張でしかないのです。

このような自己の本質を明らかにした、「食雪鬼、米搗男、新兵」や「我等が久遠の宗教」は、いずれも明治四十五年の執筆ですから、そういう意味で明治四十五年は、曽我先生の求道上、極めて意義のある年でありました。

続けて見ていきますと、

彼は生死巖頭に立ちつゝ、一切皆空無人空曠の世界に孤独黒闇の真我に接触した。此真我をば、阿頼耶識と名くる。此阿頼耶識は理想の自我でなく、最も深痛なる現実の自我である。此自我は現に我癡、我見、我慢、我欲の四大煩悩に執拘せられて居る。随て何等の自由もなく何等の光明もない。我々は常に眼耳鼻舌身意の六根を開いて六境の世界に生息し夢の如き浅き人生の表面に酔ひつゝある間には人生には光明もある。

（同前、三六八頁）

とあります。現実の自己にうごめく自我は阿頼耶識であり、四大煩悩に拘泥されていると言われます。阿頼耶識の自覚に至らない仏教は、六根六境の世界に生息し、「夢の如き浅き人生の表面に酔ひつゝある間には人生には光明もある」というようなものではないでしょうか。なかなか手厳しい指摘です。我々は往々にして、六根六境の世界の真宗に腰を降ろしがちになります。わかりやすい真宗というのがそれであります。

この、「夢の如き浅き人生の表面に酔ひつゝある間には人生には光明もある」ということに関して、私は老人介護の現状を想い起こします。老人介護において、「生老病死」という宿業の現実を、六根六境で築かれた居心地のいい夢で覆い隠すことをしているように思えるのです。つまり、残された人生を夢をもって生きることを訴えるのです。それはまるで、理想郷を六根六境によって実現せんとしているように思えるのです。しかし、現実は六根六境を木端微塵にする「生老病死」の坩堝なのです。

曽我先生は続けて、次のように言われます。

しかるに今や正しく久遠の自我に触るゝ時、人生は唯業繋である、千歳の黒闇である。我々は古来の幾多の唯識の研究者が唯一人も天親論主の真精神に触れず、徒に阿頼耶縁起など云ふ空虚の哲学の建設に努力したりしを愍み、随て支那日本の賢哲が徒に此

『唯識三十頌』を以て浅薄なる権教と貶したりし浅き識見を笑ひ、深く二千年前の印度の大論師に向て無限の敬意を捧ぐるものである。（同前）

このように、これまで見てきた自己の正体は、「疑の子」であり「食雪鬼」の自分です。あるいは「自力我執の信者否実行者」です。曽我先生はそれらを、「久遠の自我」によって身動き一つとれない宿業の世界であると言われているのです。

この「我等が久遠の宗教」で、曽我先生は、当時のご講師であられた香樹院徳龍師が郷里の三条教区に来られ、そこで午前中に宗部の講義、午後からは『唯識三十頌』の講義を行われていたことを述懐されます。そして、それに対してある聴衆が、朝から晩まで講義を聞くのは大変で、また長く寺を留守にすることもさまざまに迷惑をかけるということで、午前の宗部の講義だけを聞いて午後には帰りたい、と言ったそうです。その聴衆にとっては、唯識などはどうでもよく、真宗の要である『教行信証』の講義だけを聞けばよいという料簡であったのでしょう。すると香樹院師は、

それはいかぬ。宗部は絶対他力の妙宗、唯識は自力漸教の権説、その間天地の懸隔がある。徒に空議空想してならばいざ知らず、真面目に両教の幽旨に触れんとするもの、云何で直に引続き此を講じ味はふことが出来やう。我々は午前は宗部に依りて深く他

力の不可思議を味ひ、午後は唯識に依りて深く自力の無効を観ぜねばならぬではない
乎　（同前、三六五頁）

と言われたそうです。そのような香樹院師に対して、曽我先生は「流石だ」と言われるのです。

唯識は、我々の迷いの道理を説くものです。我々の奥底にある、無自覚の悪人根性を明らかにするのが唯識です。ですから香樹院師は、唯識をただの学問としては見ておられないのです。そうではなく、人間存在の奥底にある罪悪深重の宿業の身を教えるのが唯識であり、だからこそ曽我先生は唯識に着目されたのです。唯識は、救われざる自己の構造を明らかにするのです。それが「疑の子」や「食雪鬼」の自覚です。

八　法蔵菩薩との共感

曽我先生は自分自身のことを、「疑の子」や「食雪鬼」などと自覚されましたが、それを親鸞に照らせば、第二十願の仏智疑惑の自己ということになります。曽我先生の果たされた思想的意義は、六根六境を満たすような耳触りがよく、居心地のいい仏教が横行する

現代において、第二十願の仏智疑惑の自己、つまり他力念仏をも自分の都合のいいように利用する根性を有する自己の自覚と、浄土真宗がそういう恐るべき自己においてのみ成立するということを、明確にされたところにあります。

現代社会は理想を掲げて、それを自力によって実現することを目指します。そのような生き様が、我々のよりよい生き方とされているように思います。夢を実現しようというのが、あらゆる人間の大切にする生き方です。そしてそれが頓挫すれば、再度夢を立て直して努力するのです。しかし、そういう生き方が実現できずに自分自身と妥協し、最後は諦めるという生き様も、偽らざる現実の相のように思います。しかし、親鸞の教えはそうではありません。この「疑の子」や「食雪鬼」、あるいは「自力我執の信者否実行者」というような第二十願の自己という恐るべき自己の自覚によって、そこに広大無辺の世界が開かれる、と言うのです。すなわち第二十願の自己の自覚によって、初めて本願と一味の世界が明らかになるのです。そういう仏道を曽我先生は強調されるのです。

曽我先生の思索の根本には『大経』があります。すなわち、曽我先生は第二十願の自己を抱えて、法蔵菩薩を推求されます。そして法蔵菩薩が、そういう第二十願の自己の上に出現したまうと言われるのです。このように曽我先生は、『大経』に依りながら法蔵菩薩を推求されていくのです。第二十願の自己の自覚は、法蔵菩薩を礼拝的対象から自覚的対象へと転換するもので、それはこれまで多くの真宗者の懐いていた法蔵菩薩に対する「ありがたい」という感情、つまり憧憬の対象としての法蔵菩薩や、神話や物語上の法蔵菩薩を脱して、真に自己を救済する主体として思索されるのです。すなわち、法蔵菩薩を「地上の救主」にまで深められたのです。それが次の告白です。

私は昨年七月上旬、高田の金子君の所に於て、「如来は我なり」の一句を感得し、次で八月下旬、加賀の暁烏君の所に於て「如来我となりて我を救ひ給ふ」の一句を回向していただいた。遂に十月頃「如来我となるとは法蔵菩薩降誕のことなり」と云ふことに気付かせてもらひました。こんなことは他の御方々には何でもないことであらふが、二十年来脳の病に苦められ、心意常に散乱妄動し、日々聖教読誦を課業としながら、さらにその意義が分らず、特に近来浮世の下らぬ問題に迷悶しつゝある所の私には、誠に千歳の闇室を照すの燈炬を得た心地がしたのである。

（「地上の救主」『曽我量深選集』第二巻、四〇八頁）

曽我先生は、「如来は我なり」と言われます。それは、自己の中に法蔵菩薩を実験し得た告白です。また、「如来我となるとは法蔵菩薩降誕のことなり」と言われます。我が第二十願の自覚において法蔵菩薩が降誕したという実験です。宿業の自覚において法蔵菩薩を我が信仰主体として了解できたというところに、法蔵菩薩が自覚化されたのです。そしてそのことは、法蔵菩薩が近代人の救済の主体であることを明らかにすることであり、ここに曽我先生の果たされた信仰上の大きな意味があるのです。曽我先生は清沢先生との出遇いによって、「疑の子」である自己と出遇われました。そのことのお陰で、これまでの因習的な「ありがたい」だけであった信仰を超えて、徹底して自分自身の救主となるまで、深く思索されたのです。

法蔵菩薩は、「疑の子」や「食雪鬼」といった第二十願の自己において躍動するのです。このことを『教行信証』「信巻」の三一問答の信楽釈において見れば、「必ず不可なり」と述懐する主体の問題です。その箇所を見れば、次の通りです。

この虚仮・雑毒の善をもって、無量光明土に生まれんと欲する、これ必ず不可なり。何をもってのゆえに、正しく如来、菩薩の行を行じたまいし時、三業の所修、乃至一念・一刹那も疑蓋雑わることなきに由ってなり。この心はすなわち如来の大悲心なるがゆえに、必ず報土の正定の因と成る。（『真宗聖典』二二八頁）

第二十願の、自己は何を行っても、それは「虚仮・雑毒の善」でしかなく、そのような

「虚仮・雑毒の善」に塗れている自己が「無量光明土」に生まれることは、絶対に「不可なり」なのであります。絶対に救いのないのが第二十願の自己です。そしてそれを受けて、「何をもってのゆえに」と言われるのです。第二十願の主体が浄土に生まれることは「必ず不可なり」なのですが、その理由を尋ねれば、「正しく如来、菩薩の行を行じたまいし時、三業の所修、乃至一念・一刹那も疑蓋雑わることな」いからであると言われるのです。普通は疑蓋雑わることのない清浄なる菩薩だからこそ、虚仮・雑毒の我々を救済すると考えるでしょう。つまり「必ず可なり」というのが私たちの頭で考えた救済の道理です。しかし、親鸞はそうではなく、疑蓋雑わることのない清浄の菩薩であるから、我々の往生は、「必ず不可なり」ということを明らかにすると言われるのです。曽我先生は次のように言われています。

一体、深信といふのは法の深信の方が大切なものであつて、機の深信といふものはつけたりのもの、やうに、ことによると吾々は考へるのであるが、法の深信といふのは寧ろ其の次の廻向発願心、詰り欲生の方へおさめてしまつて、或は其の前の至心の方へおさめてしまつて、所謂信仰の準備のやうに軽く考へられて居る所の機の深信をもつて信楽の本質である、かういふ工合に見て来た所に私は非常に注意を要すると思ふ。

徹頭徹尾、否定に否定を重ね、最後まで否定を重ねて居る。諸君は之を何と見るのであらうか。どこまで行つても阿弥陀さんが出て来ない。どこまで行つても如来は出て来ずして、尚ほ其の上に其の上に否定して行く。其の否定する所の理由といふものは何であるか。云つて見るといふと、「何を以ての故に、正しく如来菩薩の行を行じたまひし時、三業の所修乃至一念一刹那も疑蓋雑ることなきに由るなり」、此の法蔵菩薩の永劫の修行に於いて、三業の所修乃至一念一刹那も疑蓋雑ることなきによつて見るといふと、吾々のやうなものは到底阿弥陀の浄土へは往生することは不可能のことだ。此の法蔵菩薩の疑蓋無雑の心といふものによるならば、それによつて吾々往生せんであらう。一寸論理でいへば間違つて居るのではないか。法蔵菩薩が不可思議兆載永劫の中に於いて乃至一念一刹那も疑蓋無雑なるが故に、それによつて吾々の往生間違ひなしと信ずるかと云つて見るといふと、法蔵菩薩が疑蓋無雑であるが故に吾々の往生は到底駄目だと深信しなければならないといふことになるのであります。実に面白い深信だと思ふ。

（「如来表現の範疇としての三心観」『曽我量深選集』第五巻、二〇四〜二〇五頁）

疑蓋無雑の法蔵菩薩であるがゆえに、往生できない身であるということの深信を我々に促すのです。視点を変えれば、我々の往生が不可であるという機の深信が疑蓋無雑の法蔵菩薩の実験であり、「如来の大悲心」の実験であるということです。すなわち、「必ず不可なり」の自覚が、そのまま法蔵菩薩の救済の実験なのです。「必ず不可なり」という機の深信は、法蔵菩薩自らの存在証明なのです。ですから、「必ず不可なり」という形で法蔵菩薩は我々に誕生するのです。それが救済です。それを曽我先生は、次のように言われます。

　此の信楽といふものは、その如来の大なる悲しみに同感すること、如来の底知れない所の大いなる悩み、大いなる悲しみ、大いなる痛みに本当に同感し、真実に共鳴する、其の心が即ち信楽である。（同前、二〇五頁）

我が宿業において、法蔵菩薩と共感できるのであり、その共感が信楽であるのです。

九　第二十願の実験

ここまで、明治四十五年七月に発表された「我等が久遠の宗教」から、曽我先生の救済を見てきましたが、次いで大正二年一月に発表された、「久遠の仏身の開顕者としての現在の法蔵比丘」を見ていきたいと思います。

人間の煩悩の塵に同じて法蔵比丘と降誕して、その久遠の大誓願を表明し給ひた。蓋し人間の救済には先づ人間の主観を親しく実験し給ふの要がある、否人間の御経験が則ち如来の救済の最後の証明である。法蔵比丘降誕の一事、如来が人間となり給ふの一事、此一事が如来の衆生救済の成就にして、又此一事が我々の信念の唯一事件である。法蔵比丘の御相がそのまゝ機法一体の御相であらせらるゝ。此れ則ち人生超越の如来が正しく人生上に来現し給ひたのである。

（『曽我量深選集』第二巻、三七二〜三七三頁）

「人間の煩悩の塵に同じて法蔵比丘と降誕して」とは、第二十願を実験する曽我先生の法蔵菩薩降誕の己証でしょう。「人間の救済には先づ人間の主観を親しく実験し給ふの要がある」と述べておられるように、法蔵菩薩の第二十願の実験がなければ救済がわからないのです。救済とは、「法蔵比丘降誕の一事、如来が人間となり給ふの一事」ということです。その一事は、我が宿業と法蔵菩薩の一致する実験であり、宿業における法蔵菩薩降誕の実験です。これが我々の救済の事実だと思います。一事とは他力信念の確立です。繰り返しになりますが、我が宿業に降誕する法蔵菩薩とは、「法蔵比丘の御相がそのま丶機法一体の御相であらせらる丶」とあるように、機の深信の事実です。それが法蔵菩薩降誕の自覚でもあるわけです。つまり法の深信によって促されるのが機の深信ですので、機の深信は法のはたらきであり、法とは法蔵菩薩です。したがって機の深信は暗いものではなく、むしろ明るく大きなものです。だから、

理智の如来が情意の如来となり、法性法身が方便法身となり給ひたのである。私は昨夏加賀の一道友の宅に於て、生来初めて法蔵比丘五劫思惟の聖像を拝し、至純の親心と至純なる子心とを念じ給へるに深く胸を打たれたのである。機法一体の六字名号は已に法蔵降誕の一事実の上に洩なく現はれて居る。本願と云ひ、正覚と云ひ、畢竟法蔵降誕の大精神の説明に外ならぬ。何ぞ徒に本願の文字や十劫正覚に拘執せられて此根本的事実を忘却するや。（同前、三七三頁）

と言われるのです。「疑の子」としての自覚が子心であり、その子心に誕生するのが法蔵菩薩の親心であると言われています。宿業の身としての子心と法蔵菩薩の親心の二つで機法一体と、こういうことになるのだと思います。

今、「久遠の仏身の開顕者としての現在の法蔵比丘」に基づいて、曽我先生の第二十願の自覚について話しておりますが、それと同時期に『精神界』に寄稿された、「三願より

発足して十重の一体に到着す」にも第二十願の問題が論じられていますので、次にそれを見ていきます。

廿願を出づるの時期は「今特」と現在を表示し、而してその第三転入には願海の上に選択の文字を加へてある。されば廿願の自力念仏、心の自力の廃捨は過去一定の時期を定むることが出来ぬ。その廃捨は常に現今に限るのである。所以者何となれば、自力心の廃捨はもう主観の事実でありて、それは「徹頭徹尾捨て難き自力」の現実に触るゝ時にのみ廃捨の意義が味はるゝからである。真の自力は「捨て得ざるを捨て得ず」と自覚するの意義に於て捨てたのである。（同前、三八三頁）

曽我先生は、三願転入の文の「今特」（『教行信証』『真宗聖典』三五六頁）と「転入選択願海」（同前）の語句に着目しておられます。第二十願の自覚が「常に現今に限る」と言われていますが、それは第二十願の自覚が「主観の事実」だからだと言うわけです。第十九願の廃捨は、たとえば親鸞が法然との出遇いにおける回心の表白を、「建仁辛の酉の暦」（同前、三九九頁）と言うように、時期は特定できるのですが、第二十願の自覚は自己内面に巣食う強情な自我が破られた時ですので、その時が「今特」だと言うのです。聞思し、因縁が熟して、生死海に漂没する自己が発見された時が、「ああそうだった」と言わざるを得ぬ時であり、それは第二十願の自己が露わになったその時、その一念の感応です。したがって、時期はその時その時であり、それが機法一体の「今特」なのであります。

我々は機の深信によって、自力無効の「今」に立つのです。それは過去に求められるものではなく、絶体絶命の今の事実です。その今において「徹頭徹尾捨て難き自力」の現実に触れ、「どうすることもできない私でございました」と頭が下がるのです。その「今」において、「徹頭徹尾捨て難き自力」が「捨て得ざるを捨て得ず」と自覚するのです。そのような頷きは、生死海に自己を発見した証明です。つまり、生死海に浮かぶ大船に乗托し得た告白が、「自力有効でよろしい」なのです。したがって曽我先生は、次のように続けられます。

奇なる哉や「根本的自力は捨てたり」と思ふ人には「捨たらず」して「捨て得ず」と久遠の自力根性に触れたる時にのみ「捨て得」ることを。

（『曽我量深選集』第二巻、三八三頁）

「奇なる哉や」とは、果遂の誓いの実感ではないでしょうか。このような、救われがたい第二十願の自我は「久遠の自力根性」であり、そこにおいて法蔵菩薩の救済に出遇うことができるように思います。それが果遂の誓いです。「捨たらず」して「捨て得ず」というべき自己が、「難思の弘誓」（『教行信証』『真宗聖典』一四九頁）によって難度海に浮かぶ大船に乗托できるのであり、その歓びが「奇なる哉や」であり、それが第二十願の自覚であります。このように曽我先生は、郷里越後において第二十願の実験を潜り、法蔵菩薩と宿業の身との関係性を探られます。

この時期の曽我先生の思索は、すべてといっても過言でないほど、絶対に救われない自分と、その絶対に救われない自分を救ってやまない法蔵菩薩との関係性に収斂されます。そしてそれがやがて、曽我先生の生涯に一貫する法蔵菩薩論となって展開されていくのであります。

十　「地上の救主」

このような法蔵菩薩による救済は、先ほども少し触れましたが、大正二年七月に発表された「地上の救主」に開陳しておられますので、最後にもう少し「地上の救主」を見てみたいと思います。

法蔵菩薩は決して一の史上の人として出現し給ひたのではない。彼は直接に我々人間の心想中に誕生し給ひたのである。十方衆生の御呼声は高き浄光の世界より来たのではなく、又一定の人格より、客観的に叫ばれたのではない。彼の御声は各人の苦悩の闇黒の胸裡より起つた。

（『曽我量深選集』第二巻、四一二頁）

真宗を説く人の中には、あたかも「高き浄光の世界」を話しているのではないか、と思われる人もいます。そういう人は、法蔵菩薩も本願も浄土も何もかも、すべてわかったことにしておられるように思います。要するに、仏教をわかってしまったこととして話しているのです。みんな真宗というものを勘違いしているのです。闇黒に彷徨う我々は光を求めて止まないのですが、しかしいざ求めると、求めても求めても求めることのできないのが我々なのです。我々に許されてあることは、求めても求めることが不可である、というところまで辿り着くことです。そこに辿り着いたところにおいて、初めて一縷の光明に出遇うことができるのです。それを曽我先生は、「彼の御声は各人の苦悩の闇黒の胸裡より起つた」と言われています。法蔵菩薩はそういう自力無効において、「直接に我々人間の心想中に誕生」するのです。この絶体絶命の我において、初めて救済を実感できるのです。

救済の実感は、現実の問題でなければなりません。現実問題であるということは、我々の宗教心が実際に満足する必要があるということです。聴聞はそのためにあるのです。聴聞して、宗教心が掘り起こされるのです。宗教心が掘り起こされなかったら、救済の満足は得られないのです。人間はすぐに理知を働かせて、宗教というものをわかったことにしてしまいます。しかし、わかったとなれば、わかったことに囚われます。そういうことは、今日の門徒さんだけではなく、僧侶もそうなっているのではないでしょうか。

仏教がわかるということは、ほとんどが理知によるわかり方です。しかし、曽我先生は、救済の感覚は感応道交であると言われます。感応道交ではなく理知で仏教がわかるということは、自動車教習場でモニター運転の教習をやるようなものです。モニター運転でも、何となく事故の回避の仕方はわかるような気になります。まだ免許を持っておらず、実際に自動車を運転していないのですが、「あっ、交差点は危ないぞ。この車の後ろから人間が出てくるぞ」くらいのことはわかるようになるのです。しかしそれは、あくまでも理知の世界です。バーチャルの世界なのです。免許証を持っていない、モニター教習を受けているだけのドライバーは、実際の道路に出れば、絶対に運転できません。路上での事故の回避は、理知ではなく、とっさに体が反応するのです。それと同じように仏法も体で反応しますので、理知で勉強して仏教がわかっても、実際の問題に対しては役に立たないのです。

「如来表現の範疇としての三心観」を見てみますと、次のように述べておられます。

吾々は阿頼耶識の体験の中にあつて本当に迷ふことを感識することが出来るのであります。

（『曽我量深選集』第五巻、一六二〜一六三頁）

曽我先生は、実際に迷うことを「感識」することが救済であると言われています。「感識」は理知と反対の概念ですので、救済は体で感じるもの、ということを言われているのです。

曽我先生の生涯を二分して、「親鸞の仏教史観」が発表された六十歳までを「前期」、それ以降を「後期」としますと、「前期」の曽我先生の思索は、これまでお話ししてきた、第二十願における法蔵菩薩の自覚ということが中核になると思います。そして「後期」になれば「前期」を受けて、「感応道交」や「分水嶺の本願」、「象徴世界観」など、さまざまな角度から本願との交流へと思索は展開されますが、そのような「前期」「後期」を一貫するものが、法蔵菩薩の推求になると思います。ですから、昭和三十七年の米寿記念講演会では「法蔵菩薩」という講題での講演がありましたし、また昭和四十年の頌寿記念講演では、「我如来を信ずるが故に如来在ます也」という題目での講演がありました。その「我如来を信ずるが故に如来在ます也」の中で曽我先生は、学生時代に清沢先生から投げかけられた問いを、九十一歳の老齢になってもなお新鮮なお気持ちをもって回顧されておられますが、そのように曽我先生の生涯を一貫する課題が法蔵菩薩であったのです。そして、その法蔵菩薩の思索の根幹が、「前期」における「疑の子」や「食雪鬼」という自覚、つまり第二十願の自己の自覚、すなわち宿業の自覚です。さらに「後期」になると、その思索を基盤に、「宿業共感」、「宿業本能」、「感応道交」というような、円熟した思索が展開されるのです。絶対に救われないというところにおいて、初めて法蔵菩薩を救主としていただくことができるということが根幹です。それが法蔵菩薩との共感、感応という形で思索が展開するのです。このような曽我先生によって、我々の救済の道は明らかになったと言わなければなりません。

十一　松原祐善先生

曽我先生の救済の道を真正面から受けられたのが松原先生でした。ですから、ここで松原先生のお話ができれば、より曽我先生の信念が明確になるのではないかと思われますので、少しく、松原先生の救済観についてお話しさせていただきたいと思います。

松原先生の生涯のエポックは、何と言っても大正十四年の曽我先生との出遇いだと思います。さらにその後の、〝曽我・金子異安心問題〟に、訓覇先生らとともに反対運動を起こしたことと、その運動が頓挫した総括の講演会で、高光先生と出遇ったということであります。そういう意味で、大正十四年から昭和五年にかけては、松原先生の宗教的信念の確立にとっては、極めて意義ある時期でありました。

昭和五年に異安心問題で、曽我先生は大谷大学を退かれます。失意のもと、松原先生は郷里である福井に帰られますが、その足で高光先生が主催する「北間の講習会」に参加され、そこで回心されたのです。松原先生は、回心によって仏教への知的関心という自身のインテリの苦悶を放棄され、ただの一群萌に帰られたのです。松原先生の仏道においては、この群萌という言葉がキーワードとなるように思います。松原先生は高光先生との出遇いについて、「去く友を念ふて」という文章を『興法』に寄せておられますが、その中に次のように書かれています。

昨年の例の騒動事件の後、僕は胸に底なしの空洞を抱いて、淋しく逃げるやうに帰国したのだつた。だがどこまでも執拗に躊躇としかも躁急、そして怖ろしい懐疑の渦巻が僕を追ひかけるのだ。慰めてくれるであらう田舎さへとても落ちつけてくれない。

ときに北間の高光先生の夏期講習会を思ひだしたのだつた。たしかに何か落ちてゐるに違ひない、真珠の玉が。早速放たれた矢のやうに飛びだした。果してそこには真の求道者の集ひがあつたよ。最初の日の中食後だと記憶する、僕は先生にこう質問したのだ。「宗教はあくまで時代文化の光となり援助者たるべきでせうか」と。思へばいかにも曖昧な、そして今からすればあまりにも呑気な質問だつた。しかし君はそこに、何が当時僕を支配し苦しめてゐたかを知つてくれるであらう。たちどころに「捨てたがよい、宗教は一文にもならぬ」その声だ、鋭く僕の心臓をグンと衝いたのは。胸は高鳴る、全身の血は煮えくり返つた。頭で思想し物的化された僕の宗教は、忽ち木ッ葉微塵にへし飛んだのだ。と同時に驚くべし、所謂インテリの苦悶は、全く僕から消え失せた。本来、真一文字に身を捨て切るべき大道が、今や厳然として眼前に展べられてあるを見た。顚倒されたその眼は、遂には翻がへされねばならぬ。仏道は常に生いきと活きてをる。多くの人達はそれに生き切ることを欲せないのだ。だが人間はそこへ帰ることなくしては、永劫に闇黒なる死の限界に憂怖しつゝ、業道自然の鉄鎖につながれ、無始無終動乱の生死海に沈迷流転せねばならぬのだ。

（『興法』創刊号）

「昨年の例の騒動」とは、大谷大学の〝曽我・金子異安心問題〟を端緒とする「大谷大学クーデター事件」のことですが、松原先生は、当時流行っていたマルクス主義の影響もあって、親鸞の教えをもって社会を改善しようと考えておられたように思います。しかし、そういう思いと自分の宗教心とが一致しない、あるいは満足しない、という松原先生の苦悩があったように思います。真宗をマルクス主義のように、社会や時代の役に立てようとする思いと、自分の宗教的信念を確立したいという宗教心とが相容れないのです。そこで思い切って、「宗教はあくまで時代文化の光となり援助者たるべきでせうか」と質問したのです。すると高光先生は間髪入れずに、「捨てたがよい、宗教は一文にもならぬ」と言われたのです。「捨てたがよい」とは、役立てようとしている松原先生の中にある自負心を捨てよ、ということであり、「一文にもならぬ」とは、真宗に対する要らぬ色気を捨てよ、ということだと思います。真宗は信念の確立ということ以外には、何の役にも立たないのです。ここに松原先生の回心があります。高光先生の言葉は松原先生の宗教心を蘇らせ、インテリの苦悶を取り除いたのです。ここに松原先生は群萌に帰られたのです。

親鸞の教えは、『歎異抄』で言われる、

弥陀の五劫思惟の願をよくよく案ずれば、ひとえに親鸞一人がためなりけり。されば、そくばくの業をもちける身にてありけるを、たすけんとおぼしめしたちける本願のか

たじけなさよ

（『真宗聖典』六四〇頁）

に収斂されると思います。本願はひとえに、「親鸞一人がため」とありますように、生死の問題に苦悩する「一人」に働くのです。ですから『歎異抄』には続けて、

善導の、「自身はこれ現に罪悪生死の凡夫、曠劫よりこのかた、つねにしずみ、つねに流転して、出離の縁あることなき身としれ」（散善義）という金言に、すこしもたがわせおわしまさず。

（同前）

と記されるのです。「曠劫よりこのかた、つねにしずみ、つねに流転」する我が身が救われたい。ここに親鸞の純粋な志願がありました。では、この親鸞の純粋な志願はどこで成り立つのでしょうか。親鸞によれば、それは「一人」において本願をかたじけないといただく、というところに成り立つと言えます。「一人」における本願との共感です。本願との共感の門はどこかと言えば、それは「そくばくの業をもちける身」です。「そくばくの業」を持つ「一人」において、広大無辺際の本願との感応があるのです。宿業には本能として感応するという働きがありますので、宿業は本能として本願と感応するのです。「親鸞一人がためなりけり」とは、そのような感応の歓喜の表明であり、その表明が『教行信証』「総序」で言えば、冒頭の次の言葉となっているように思えるのです。

難思の弘誓は難度海を度する大船

（同前、一四九頁）

生死の難度海に彷徨う我々が、宿業本能において本願と感応するのです。その感応の具体相が、「難度海を度する大船」との表現になったように思います。

ともかく松原先生は高光先生によって、松原祐善という「一人」から乖離した真宗が戒められ、真宗に対するインテリ的自負心が打ち砕かれたのです。これが回心です。

我々は自負心をかなぐり捨てれば、群萠に帰ることができるのです。「仏教大事」と我々は仏教を大切にしますが、その大切にする心は往々にしてインテリ的自負心です。そのようなインテリ的自負心を捨てたところに開かれるのが、群萠の大地です。群萠の大地は、一切の有情と手を繋ぐことのできる大地です。ですから松原先生は、生涯、郷里である奥越大野を愛され、門徒さんと同列になって、一群萠として聞法生活をしておられたのです。常に「親鸞一人」ならぬ「松原一人」において聞法しておられたのです。そのように不断に「聞」の座に座っておられたのが、松原先生でありました。

松原先生は、自ら「煩悩具足ならぬ病患具足」と言われますように、一生涯病気という宿業とつき合っておられました。若い時分には結核を患われ、晩年には痔瘻《じろう》から直腸癌になられ、肛門を切り取るほどの手術をされました。そして最後は、肺癌をきっかけとして全身に癌が転移し、激しい痛みの中で亡くなっていかれたのですが、松原先生はそういう中にあって、仏教を振りかざすことなく、静かに一人の宿業に座って、如来本願に聞思し続けておられました。そのような松原先生のご生涯から、我々は多くのことを教えられるのです。

松原先生に「謙敬聞奉行」という文章があります。そこで、

今日の私はわが身の一生を尽し生涯を尽して仏法聴聞の外には何ものもないことが思われてならない。（「群萌の心」『松原祐善講義集』第四巻、文栄堂書店、一〇五頁）

と言われ、そして、

聞は聞即信で、信心の自覚は自己を超えた体験である。分別の尽して無分別智を証するが如く、聞の成就は聴の道を尽されなければならない。かくて聴は一心不乱に教をきくことである。身命を賭してきくことである。自力の無効を知らさるるまで自力を尽さねばならない。仏法は時節ともいわれる。時節因縁の到来は単なる偶然をいうのではない。時節の到来は不断に油断なき聴聞あってこそである。（同前、一〇八頁）

と言われています。「聞の成就は聴の道を尽されなければならない」ということは、我々の絶対に忘れてはならないことです。我々は自力で聴聞を選び取り、「かくて聴は一心不

乱に教をきくことである。身命を賭してきくことである。自力の無効を知らさるるまで自力を尽さねばならない」のです。我々は心を奮い立たせて聴聞しなければなりません。「時節の到来」ということがありますが、聴聞がなければ時節到来は絶対にありません。自力で足を運んで聴聞してこそ、普段の何気ないときに、「ああ、そうだった」との時節が訪れるのです。「大死一番」とは松原先生の大切にされた言葉ですが、そのような聴聞への決断が、今求められているように思います。

十二　久遠の病根

続けて、松原先生の「罪業深重」という文章を見てみましょう。その冒頭に、次のような物語が紹介されています。

ある儒者が、悪を行うごとに書斎の柱に釘を打ち、善を行えば抜き去るということを決めたのです。初めのうちは、柱は釘で一杯になったのですが、修養を積んで頑張るにつれて、だんだんと釘が抜き去られ、やがて全部抜くことができたのです。ところが釘をすべて抜いたのですが、その柱には傷痕があるのです。もう元の美しい柱にはならないことを思い知った儒者は、自らの修養方法の無効を知り、念仏に帰した。このような話です。

この柱の傷痕について、松原先生は、

その傷痕に自己を悔いねばならなかったのである。その瞬間彼に宗教的自覚が発起したのである。柱の無数の傷痕は彼の自己の全体である。永劫に消えない柱の傷痕が彼自身であった。彼ははじめて彼自身を知った。（同前、八四頁）

と言われています。そして、

人間に毛筋一本も動かしうる智慧も力もなかったのである。かくて彼に照見され得たものはどこまでも絶望の彼自身であった。永劫に滅し得ぬ傷痕である。この傷痕に泣きくずれたのである。人間は如何に真剣になっても業の傷痕を如何ともすることが出来ない。而してその傷痕は単なる柱の傷痕ではなかった。常に現実に病苦をもたらす永劫不治の傷痕である。（同前、八四～八五頁）

と続けられています。ここで言われている「永劫不治の傷痕」とは、自力では如何ともしがたい宿業の身であろうと思います。つまり、生まれた限り必ず死ぬ身である、という傷痕を抱えている我々のことであろうと思います。あるいは、永久に消えない執着を有する自分、すなわち第二十願の仏智疑惑の自分、言い換えれば「食雪鬼」の自分のことと言ってよいと思います。聴聞とは、そういう不治の傷痕を有する自己を知ること以外にはあり得ないのです。

この文章において、松原先生は自分自身を、

> ここに依然としてただ一つの肉塊がある。それはまことに痛々しき存在である。余りにも悲しき姿である。久遠劫来身動き一寸することが出来なかったのである。
> （同前、八五頁）

と言われています。我々の人生は、「やればできる」というものではないのです。不治の傷痕のように、絶対に「身動き一寸すること」のできないというのが、我々の真の姿だと思います。自力有効の世界に慣れ親しんでいる我々にとっては、自力無効の事実は容易に受け入れることはできません。聴聞はそのような傷痕の自覚のためにあるのです。松原先生は、次のように言われます。

> 生が不安であるという、死が怖ろしいという。それは更に怖るべき病根を知らざるに依る。
> （同前、八六頁）

我々は何かにつけて生きることに不安がり、死ぬことを遠ざけようとします。しかしそれは、未だ不治の傷痕が自分自身であるということを知らないからです。生を不安がり死

を怖がる自分の正体を不治の傷痕と知る、これが聴聞です。聴聞とは、実に厳しいものです。そのように聴聞しつつある自己を、松原先生は、

ああ、自己が自己であらんことの苦痛よ。僕は今日この祈りを如何ともすることが出来ない。それは死より強い、死よりも怖ろしい。げにも罪業深きこの執念よ。（同前）

と言われるのです。生死に彷徨う我々は、すでに生死という「不治の傷痕」を抱えているのです。そういう罪業を抱えた生死する存在が我々なのです。だから、

泣くに泣けない、笑うに笑えない、生きても居れず、死んでゆくことも出来ないとはこの不治の傷口の痛みである。この痛みに於て久遠の病根を知る。（同前）

と言わざるを得ないのです。自分は生死を脱しようとするのですが、ところがその自分は、生まれた時から生死海に漂没する者であったというわけです。久遠の病根の痛みは、世々生々の痛みなのです。したがって、

この痛みこそ大悲の勅命である。永劫に浮ぶ瀬がないのである。永劫に死にきれぬ絶望の淵に沈没流転の身である。かく沈みきった時、我を生かしめ我を死なしめたもう大地の恩を知る。（同前）

と言われるのです。久遠の病根を持つ我々がそれを脱しようとしても、それは所詮、「永

劫に浮ぶ瀬がない」営みでしかないのです。それが永遠に「絶望の淵に沈没流転の身」であるということです。そしてここにおいて、「我を生かしめ我を死なしめたもう大地の恩を知る」ことができるのです。「泣くに泣けない、笑うに笑えない、生きても居れず、死んでゆくことも出来ない」というのが我々の現実相ですが、そのような久遠の病根を持つ身であるからこそ、傷口が痛むと同時に、その痛みを突破口として、「大悲の勅命」を実験できるのです。

ですから松原先生は、大地の恩を知ることのできるのは、絶望の淵に「沈みきった時」であると言われています。「沈みきる」、つまり久遠の病根の痛みから逃れられないことを身に染みて知る、このような自己発見に聴聞の意味があるのです。聴聞して、久遠の病根を有する自己に帰るのです。親鸞が「罪悪深重煩悩熾盛の衆生」（『歎異抄』『真宗聖典』六二六頁）と言われるのは、本当の自分に出遇った告白のように思います。

それは曽我先生の言葉で言えば、「食雪鬼」の自分への目覚めです。また「疑の子」の自己発見です。そのように自己を知るのが聴聞です。親鸞が「信巻」に善導の「自身は現にこれ罪悪生死の凡夫、曠劫より已来、常に没し常に流転して、出離の縁あることなし」（『真宗聖典』二一五頁）という金言を引かれていますが、それは親鸞自身が、「常に」宿業に縛られている自分に気づかれたからだと思います。これが生死海に漂没する自己に帰ることであり、すなわち宿業の自覚です。生死する凡夫に帰る、ここに「大悲の勅命」を実験できるのです。

我が身の久遠の病根は、理知や情緒に基づく聴聞では知ることはできません。理知は知的関心であり情緒は気分転換です。知的満足や気分転換では、久遠の病根を知る由もありません。理知では絶対に知ることができないというところに、永遠に救われ難き久遠の病根に倒れた、第二十願の「食雪鬼」の自己があるのです。そしてそのような自分を「門」とすることにおいて、永遠に自力無効の働きを実験できるのではないでしょうか。第二十願の自己において、「我を生かしめ我を死なしめたもう大地の恩を知る」ことができるのです。

我々は生死の問題に苦悩します。そして生死を超えようと理知を働かせます。だから生死にがんじがらめになるのです。そういう我々の生き様を、松原先生は次のように言われます。

そこにこの毒々しい肉塊がある。動きがとれんのである。されどこれは何んという矛盾であろう。僕はこの肉塊に捨て難き未練を感ずる。絶ち難き愛着を感ずる。而してこの未練この愛着に沈んで自分はもう動こうとしないのである。

（「群萌の心」『松原祐善講義集』第四巻、八五頁）

そして、この「毒々しい肉塊」に立って、

この肉塊に無始の歴史がある。過去久遠の足跡が感覚されてある。

（同前）

と言われるのです。さらに、

この肉塊を抱くその苦悩に於て、久遠の自己に遇わんとする。

（同前、八六頁）

と言われるのです。「毒々しい肉塊」とは、永遠に生死から解放されない、久遠の病根の自己のことです。久遠の病根を抱く自己との出遇い、ここに唯一、生死を超える道があるのです。それを、

今やこの肉塊を荷負し得たとは驚嘆すべきことであった。それは我ならぬ力であった。

（同前）

と言われます。久遠の病根からの救済を求めてさまざまに企てますが、それは必ず行き詰まるのです。それが娑婆で、そういう娑婆の企てに絶望したとき、そこに久遠の病根を知る、つまり宿業において宿業自身が有する本能的感覚によって本願と共感し、久遠の病根のまま救われるのです。久遠の病根の身なればこそ、宿業本能によって群萌の大地に立つ

のです。

繰り返しますが、生死を超えんとするさまざまな小賢しい企みを放棄したときに、生死の大地に帰ることができるのです。それが生死を超える道です。我々は元来、生死する存在でありますので、そういう意味で、生死海に生きる自分に帰ることができるのです。ここに、自己の生死に対する疑いが晴らされるのです。

先に尋ねたように曽我先生は、「疑の子」でしかない自己を発見することで小賢しい自己から解放されました。そのように解放された自己を、「死生の外に霊存」(「自己を弁護せざる人」『曽我量深選集』第二巻、二二九頁)する自己と言われるのでしょう。「疑の子」とは、生死海に乗托できた告白であろうと思います。生死を超えるとは、「我は死する者であった」という自覚です。その自覚において、生死海に乗托するのです。

そういうことで、「常に没し常に流転」するという、その「常」の気づきが聴聞の要です。曽我先生は清沢先生と出遇い、「つねにしずむ」自分が「疑の子」であったと目覚められましたが、ここに三願転入の、特に第二十願の仏智疑惑の身における果遂の誓いの具体相があるのです。このように、曽我先生によって親鸞の仏道が蘇ったのであります。

十三　千歳の暗室

最後に、松原先生の「千歳の暗室」を見てみたいと思います。曽我先生について、次のように書かれています。

先生は特に宿業本能と熟されるのであるが、本能とは単なる主観的個人的心理的なる語ではない。寧ろ自分は自己抛棄の内観に照見されたる「諸有の群萌」をそこにきくものである。先生はいわく「本能に対する我々は総てが偶然である、無知である、無能である、此は理性を以て本能に対抗せんとするからである。（中略）」

（「群萌の心」『松原祐善講義集』第四巻、九三頁）

もちろん最初の「先生」とは曽我先生のことです。宿業本能とは「諸有の群萌」との共感であると述べられます。そして、「本能に対する我々は総てが偶然である、無知である、無能である、此は理性を以て本能に対抗せんとするからである」とありますように、我々にとって理知の抵抗が大変なのです。我々は本来的に無知であり無能なのですが、理知で対抗するために宿業本能が働かず、生死海から遊離するのです。理知が働けば、機の深信にならないのです。宿業本能の自分が見えないのです。

我々は自分の宿業本能に帰るのが大変です。それが一苦労です。なぜなら自然に、理知によって、宿業の身が救済されたことにしてしまうからです。そういう理知によって理解された救済は、自分を「宿業」から乖離させます。それが仏教をわかったことにして偉がっている自分の姿です。松原先生は、曽我先生の『開神』に寄せられた「宿業観は現生正定の大地」を引用されます。

真実に我々にして理性の妄想を反省して、その無能を内観し得たならば、我々は恐るべき本能に於て、是に大悲招喚の声を聞き
(同前、九三~九四頁)

続けて、

誠に本能という辞は世人は無自覚に浅薄の意義に使用するが、此語の中には何か人生の重大な意義を暗示する宏遠の語でないか。私は此本能を以て如来の本願を暗示する招喚の声でないかと思います。
(同前、九四頁)

と、「理性の妄想を反省」し、理性の「無能を内観」することで、「恐るべき本能に於て、是に大悲招喚の声を聞」くのだと言われています。これが先ほどもお話しした、三一問答における信楽釈の構造です。如来大悲に照らされて、初めて理知を体とする自分が崩れる

のです。そこに現れるのは、生死する自分自身です。このような自己に我々を帰すのが本能です。それが本願海に乗托する自己の発見です。

我々は「欲生我国」という如来招喚の声を、宿業本能において聞くのです。常に沈みつねに流転する宿業の身を、本能として知るのです。さらに宿業本能は、生死する一切との宿業共感でもあるのです。宿業本能で我々は如来の「欲生我国」の声を聞くのであり、そのことによって生死海の自己に帰るのです。

そして次のように述べておられます。

人間の如何なる感情の嵐も、その興奮も、また如何なる悲痛慟哭の涙も到達し得ぬ些の影響を及ぼし得ぬ千歳暗室、人間理知の眼も理性の光も消えゆく千歳暗室が内観されてくる。そうした深淵、本能の暗黒が人間存在の無底の底に隠されて居る。われわれは一切をこの暗室にきくべきであった。人生究竟の目的はこの暗室に肯かれてくる。聖人に「一切の有情はみなもて世々生々の父母兄弟なり」の語があるが、自分にはこの暗室のささやきとしてはじめてこの身にうけとれてくるのである。（同前）

我々の聴聞は、ともすればほとんどが一時の興奮、一時の涙に酔い、理知での反省になってしまいます。しかし、理知では不治の傷痕はわかりません。宿業に束縛されている我々は、「千歳暗室」の住人ですが、そのことも理知ではわかりません。「千歳暗室」は宿業の世界であり、それは理知を拒む世界です。本能として知るのです。聴聞は理知と宿業とのせめぎ合いです。だから、苦悩を理知で処理するような聴聞ではなく、聴聞によって宿業本能が開発されなければなりません。いわゆる「千歳暗室」に聴聞するのです。そのことを松原先生は、「一切をこの暗室にきくべきであった。人生究竟の目的はこの暗室に肯かれてくる」と言われるのです。我々はこの暗室において、法蔵菩薩の「欲生我国」の声を聞くのです。その実験が宿業本能です。

これまで、清沢先生、曽我先生、松原先生と続く近代真宗教学の伝統の概略をお話しさせていただきました。松原先生は、第二十願の宿業の身に法蔵菩薩が誕生するという曽我先生の教えを受けられ、その自覚において、宿業本能に立ち上がられたのです。理知で理解することのできない宿業の身には、唯一、如来と共感する本能が与えられているのです。これが宿業本能です。宿業本能において、山川草木、あらゆる人と共感ができるのです。

曽我先生の仏道のキーワードである宿業本能、宿業共感、感応道交とは、具体的にはこのようなことを言うのであろうと思います。時間となりましたので、これで終わらせていただきます。ありがとうございました。

あとがき

本書は、「はじめに」に亀井鑛先生が詳説して下さっているように、名古屋の「清沢満之先生に学ぶ会」主催の臘扇忌での曽我量深先生の講演録が基になっている。名古屋の「清沢満之先生に学ぶ会」主催の臘扇忌は、三年間曽我先生をご講師として厳修される予定であったが、三年目には曽我先生がお亡くなりになったために、講演録は二年間分となっている。その一年目の講演録をまとめたものが「他力の救済」であり、二年目の講演録が「清沢満之先生に学ぶ——二種の深信——」である。「清沢満之先生に学ぶ会」については、その中心を担っておられた亀井先生が『他力の救済』（文明堂出版）の「あとがき」として書かれたものに詳しい。曽我先生が、九十歳を越えられても一度も清沢先生のご廟所である三河大浜の西方寺に参詣されたことがないことを聞いた亀井先生は、驚きつつも案内を買って出られ、それを機縁にして「清沢満之先生に学ぶ会」が発足したのである。

亀井先生はその「あとがき」に、「こんなところにも曽我先生の、旧師清沢先生に対する敬服のあり方が、世俗人情の次元での恩愛恋慕を越えた、純粋な教法への随順であることのあらわれを、反面思い知らされたのだった」と記されている。生きた曽我先生の人柄が伝わってくる。

さらに、この講習会の準備が進むのと並行して、清沢先生の遺墨を複製印刷して参会者に分かち合いたいという企画が出て、岐阜県養老にある唯願寺に秘蔵されてあった「他力の救済」の自筆原稿の複製がなされた。「他力の救済」の自筆原稿の「我」には、「ワレ」というルビがある。今でこそ岩波書店から出版されている『清沢満之全集』に清沢先生自筆原稿を底本とした「他力の救済」が収められているが、当時その自筆原稿は流布していなかった。そのため、曽我先生もその時に初めて「ワレ」のルビを知られたのであるが、その直後からの曽我先生の講話では、この文章をすべて「ワレ」と誦しておられたそうである。その姿を見た亀井先生は、「私たちは先生の柔軟で細心な心配りに、内心舌を巻いたものだった」とご述懐されている。現代に再版するにあたり、典拠を清沢先生の自筆の「他力の救済」を底本としている岩波書店の『清沢満之全集』としたが、それには以上のような背景がある。

＊

そもそも本書を再版するきっかけは、私が亡くなった祖父の書棚を整理していた際に、文明堂出版発行の『他力の救済』を見つけたことにある。祖父は清沢、曽我の伝統に傾倒し、特に同郷の曽我先生には深い思い入れがあったようで、今では絶版となり手に入れることの出来ない『他力の救済』を所持していたのである。亀井先生は『他力の救済』を「曽我量深の〝他力の救済聴記〟だ」と仰っているが、まさに題目どおり、清沢先生の「他力の救済」を基にした曽我先生の清沢先生讃仰が内容となっている。言うまでもなく仏道とは、師との値遇によって開かれてくる。生きた師は、生涯、自身の救われざる身を照破し、呵責し、護持養育して下さるのである。私たちに許されてあるのは、その師の生き様を手本とし、師のように思索し、師のように業を尽くすことだけである。曽我先生が亡くなるまで情熱をもって清沢先生を語られていたということが、そのことを示現して下さっている。

そのような曽我先生のお姿一つとっても、是非『他力の救済』を再刊したいとの思いに駆られ、亀井先生にご相談したところ、ご快諾いただき、さらに「清沢満之先生に学ぶ会」主催の臘扇忌の二年目の講演録である「清沢満之先生に学ぶ――二種の深信――」も併せて再刊して欲しいとのご要望まで賜り、このような本が出来上がったのである。

また、『他力の救済』には、松原祐善先生の「解題」も付録されており、それも削ることなく本書に収録することとした。本書の構成が、ⅠとⅡの曽我先生の講演録の間に松原先生の文章が挿入される形となっているのは、以上のような理由からである。しかし、再刊するにあたって少し唐突の感もあるように思われたので、水島見一先生にお願いして、清沢満之→曽我量深→松原祐善という本願念仏の確かな伝統について、お話を頂いた。それを文章に起こして大幅に加筆修正して頂いたものが本書の第Ⅲ部である。繰り返すが、仏道とは生きた師からのみ伝承される。生きた清沢先生、曽我先生に遇うことが出来るのは、ひとえに松原先生のおかげであると水島先生が述べておられるように、直道学舎の面々が清沢先生、曽我先生、そして松原先生の生きた息吹に触れ得るのは、ひとえに水島先生のおかげである。

また、直道学舎とは、高光大船先生に聞思することを志した若手の集まりである。亀井先生も強調されているように、本書において曽我先生の語られるところの面目は機の深信一つであるが、その機の深信までをも自分の思いの中の自己反省や居直りとしていくのが人間の飽くなき執着である。そのような疑城胎宮を破って、宿業生活の大地にまで引き降ろして下さるのは高光大船先生以外にない。曽我先生の話が頭ではわかるが薄紙一枚自分のものに出来ないことに真っ向から苦悩された松原先生が初めて曽我先生の話を聞き得たのは、大船先生との出遇いに促されてであった。すなわち、機の深信を観念ではなく自身の身に実験するには、高光大船という「仏法と生活が一枚かどうか」の関門を潜らねばならないのである。ここに仏法が純粋かどうかの要がある。このことからも、この度、大船先生の面目である「直道」ということを掲げる直道学舎から、本書が再刊されることの意義甚大であることが思われるのである。

＊

最後になったが、再刊の相談から「はじめに」に至るまで、亀井先生には未熟な私たちをさまざまな形で導いて頂いた。亀井先生から序文を頂けたことによって、同朋会運動の生きた歴史に参画せしめられた感がある。私と亀井先生とは年齢にして半世紀ほどの違いがあるが、宿縁の深広なるを思わずにおれない。ここに改めて感謝申し上げる。

また、水島先生なくして本書の刊行はあり得ない。先生は、常に松原先生を憶念し、清沢満之を嚆矢とする実験主義の伝統を語られて止まない。また先生のご母堂は大船先生の四女であられる。したがって先生の説かれる仏法は、大船先生直結である。ともすれば清沢、曽我の仏道すらも観念にしていく私たちは、いつも業に根差したお育てを蒙っているのである。平素の感謝の一端をここに申し上げる。

本書を再刊するにあたって、原本からの文章の取り込み作業を藤戸真史、依光善信各氏に、編集作業を安西廉、石原樹、上島秀堂、波佐谷信道、橋本彰吾、村上良顕各氏にご協力頂いた。皆、直道学舎の面々であり、求道の友である。ここに改めて謝意を表す。

なお、「はじめに」にて亀井先生がご指摘下さっているとおり、『他力の救済』、「清沢満之先生に学ぶ――二種の深信――」を再刊するにあたって、全面校訂を施した。その一切の最終責任は編者である私一人にある。

＊

このような特殊な経緯のある本の出版を快諾して下さった方丈堂出版の光本稔社長、そして再刊の流れのご相談から編集までお世話になった上別府茂編集長には、篤くお礼申し上げることである。

機の深信という無一物の広大無辺際の自覚道の伝統に遇い得たことを喜ぶと共に、その伝統への聞思にさらに邁進することを念じずにはおれない。

二〇一四年十一月

直道学舎　佐々木秀英

曽我量深（そが　りょうじん）
1875（明治 8）年新潟県に生まれる。1899（同 32）年真宗大学本科卒業。1902（同 35）年真宗大学研究院卒業。真宗大学教授等を経て、1951（昭和 26）年大谷大学名誉教授。1961（同 36）年大谷大学学長。1971（同 46）年逝去。主な著書に『曽我量深選集』全 12 巻（彌生書房、1970 ～ 72 年）、『曽我量深講義集』全 15 巻（同、1977 ～ 90 年）、『曽我量深講義録』上下巻（春秋社、2011 年）など。

松原祐善（まつばら　ゆうぜん）
1906（明治 39）年福井県に生まれる。1930（昭和 5）年大谷大学本科卒業。大谷大学教授等を経て、1974（同 49）年大谷大学学長（文学博士）。1980（同 55）年大谷大学名誉教授。1991（平成 3）年逝去。主な著書に『松原祐善講義集』（文栄堂書店、1990 ～ 92 年）、『浄土と娑婆』（法藏館、1982 年）、『他力信心の確立―松原祐善講話集』（同、2013 年）など。

水島見一（みずしま　けんいち）
1950（昭和 25）年富山県に生まれる。1973（同 48）年大谷大学文学部卒業。1978（同 53）年大谷大学大学院博士後期課程単位取得。大谷大学教授（文学博士）、現在に至る。主な著書に『近・現代真宗教学史研究序説―真宗大谷派における改革運動の軌跡―』（法藏館、2010 年）、『信は生活にあり―高光大船の生涯』（同、2010 年）、『大谷派なる宗教的精神』（東本願寺出版部、2007 年）、『苦労はいいもんや―聞法の生活―』（文栄堂書店、2014 年）など。

他力の救済〔決定版〕

二〇一五年三月三〇日　初版第一刷発行

著　者　曽我量深

発行者　光本　稔

発　行　株式会社　方丈堂出版
京都市伏見区日野不動講町三八―二五
郵便番号　六〇一―一四二二
電話　〇七五―五七二―七五〇八

発　売　株式会社　オクターブ
京都市左京区一乗寺松原町三一―二
郵便番号　六〇六―八一五六
電話　〇七五―七〇八―七一六八

印刷・製本　亜細亜印刷株式会社

ISBN978-4-89231-128-4 C1015
乱丁・落丁の場合はお取り替え致します